분 학습
일 완성

초등
기탄

글을 빠르고 바르게 이해하는 학습 프로그램

| 2단계_인문 |

기초부터 탄탄하게
G 기탄교육

☆ 독해가 어렵다고요?

글은 줄줄 잘 읽는데 막상 내용을 물어보면 고개를 갸우뚱하는 우리 아이! 뭐가 문제일까요? 바로 독해력이 부족하기 때문이에요. 독해력은 '글을 읽고 뜻을 이해하는 능력'을 말해요. 글자를 읽기만 하는 게 아니고, 내용을 바르게 이해하여 내 지식으로 만들 수 있는 능력이지요. 독해력이 뛰어나야 국어뿐만 아니라 수학, 과학, 사회, 역사, 예술 등 다른 공부를 할 때도 요점을 쉽게 파악하고 이를 바탕으로 세부 내용까지 이해하여 문제를 풀 수 있어요.

☆ 〈대단한 독해〉로 시작하세요

초등 기탄 〈대단한 독해〉는 영역별로 다양한 주제의 글을 읽고, 독해의 기초 원리를 적용한 문제를 차근차근 풀이하는 과정을 통해 독해력을 효과적으로 길러 주는 단계별 학습 프로그램이에요. 스스로 학습의 No.1 기탄교육이 만들어, 누구나 쉽고 즐겁게 독해 학습을 시작할 수 있답니다.

우아, 벌써 다 끝냈어?

재미있게 읽다 보니 금방 풀리던데?

하루 15분, 즐겁게 휘리릭~!

처음에는 많이 읽기보다, 한 지문이라도 천천히 읽고 생각해 보며 흥미를 갖는 것이 중요해요. 〈대단한 독해〉는 쉽고도 부담 없는 분량의 지문으로 독해에 대한 재미와 성취감을 끌어올릴 수 있어요.

무얼 그렇게
즐겁게 읽니?

세계의 전통 춤에
대한 글인데, 춤에
이런 뜻이 있었다니
정말 신기해.

2

영역별 구성으로
즐거움 UP

〈대단한 독해〉는 단계별로 인문, 사회, 과학, 예술·스포츠
네 가지 영역, 총 4권으로 구성되어 있어요. 영역별 다양한 글을
읽으며 독해에 즐거움을 느낄 수 있지요. 또 교과 학습 과정과
연관된 내용을 통해 과목별 배경지식도 확장할 수 있답니다.

3

어머, 이건
제품 설명서잖아?

〈대단한 독해〉에는
실생활에서 볼 수 있는
글들이 다양하게
실렸다고!

다양한 형태의
글 읽기로
사고력 UP

일기, 동화, 시, 설명문, 논설문, 생활문뿐 아니라
실생활에서 자주 볼 수 있는 안내문, 인터넷 게시판, SNS
등 다양한 형태의 글을 만나 볼 수 있어요. 다채로운 글을
읽으며 사고력과 이해력을 쑥쑥 키울 수 있어요.

공부하다 말고
퍼즐을 하면
어떡해?

노는 게 아니라고!
오늘 배운 어휘를 꼼꼼히
풀어 보는 거야!

4

글에서 아이들이 어렵게 느낄 수 있는 어휘를 따로 정리해
두었어요. 또 그날 배운 어휘를 재미있는 퀴즈로 풀어 보며
뜻과 다양한 활용을 익힐 수 있지요. 맞춤법도 꼼꼼히
확인할 수 있답니다.

낱말 풀이와 퀴즈로
어휘와 맞춤법까지
꼼꼼하게!

지문 독해＋핵심 문제

〈대단한 독해〉는 1회당 4쪽씩
총 15회로 이루어져 있어요.
매일 4쪽씩 공부해 보세요.

시와 이야기, 설명문과 논설문 등
다양한 종류의 글과 독해 원리가
표시되어 있어요.

언제 공부했는지
날짜를 써 보세요.

독해 원리에 꼭 맞는 대표 유형
문제들은 왕관으로 표시했으니
주의하여 풀어 보세요.

공부한 날

1회

우화 누가 무엇을 했는지 알기

은혜 갚은 독수리

일을 하고 돌아가던 농부가 그물에 걸린 독수리를 보았어요.
"저런, 꼼짝없이 죽게 생겼구나."
농부는 독수리가 *가여웠어요.
"조금만 기다려라."
농부가 그물을 풀어 주자 독수리는 훨훨 날아갔어요.
며칠이 지난 어느 날이었어요.

어떻게 읽을까?
이야기에 어떤 인물이 나오는지, 그 인물이 한 일은 무엇인지 살피면서 읽어 봐.

"어이쿠, 힘들다. 조금만 쉬었다 해야지."
밭에서 일하던 농부는 *근처에 있는 돌담에 *기대앉았어요. 그런
데 갑자기 독수리가 날아오더니 농부의 모자를 휙 *낚아챘어요.
"거기 서라! 거기 서!"
농부는 소리를 지르며 독수리를 쫓아갔어요. 하지만 독수리는 멈
추지 않고 계속 날아갔어요.
'내가 구해 주었는데 은혜도 모르고 모자를 가져가다니!'
그때 뒤에서 *요란한 소리가 났어요. 놀란 농부가 뒤
를 돌아보자 돌담이 와르르 무너져 내렸지요.
㉠'독수리가 나를 구하려고 모자를 채서 날아갔구나.
독수리가 아니었다면 나는 돌담에 깔렸을 거야.'
그때 독수리가 농부의 모자를 땅 위에 툭 떨어뜨
려 주었어요. 농부는 독수리에게 고맙다며 인사를
했답니다.

이솝, 「은혜 갚은 독수리」

* 가여웠어요: 마음이 아플 정도로 불쌍하고 딱했어요.
* 근처: 가까운 곳.
* 기대앉았어요: 벽 등에 몸을 의지하여 비스듬히 앉았어요.
* 낚아챘어요: 남의 물건을 재빨리 빼앗거나 가로챘어요.
* 요란한: 시끄럽고 떠들썩한.

8

내용 이해
1 이 글에 나오는 인물은 누구와 누구인지 빈칸에 쓰세요.

□□ 와 □□□

내용 이해
2 이 글에서 농부가 한 일은 무엇인가요? (   )

① 그물로 독수리를 잡았다.　　② 모자를 낚아채 달아났다.
③ 모자를 땅 위에 떨어뜨렸다.　④ 돌을 쌓아 담을 만들었다.
⑤ 그물을 풀어 독수리를 구했다.

추론하기
3 ㉠에서 짐작할 수 있는 농부의 마음에 ○표 하세요.

슬픈 마음	고마운 마음	부끄러운
(1) ( )	(2) ( )	(3) (

비판하기
4 독수리의 행동에 대해 알맞게 말한 친구에게 ○표 하세요.

 (1) 자신을 구한 농부의 모자를 낚아채서 달아나는 독
수리는 은혜를 모르는 동물이야.

 (2) 돌담이 무너지려는 것을 알고 농부를 구하고자 모
자를 낚아채다니 독수리는 지혜롭구나.

'어떻게 읽을까'는 글을 읽어 나가는
방향을 알려 주는 길잡이예요. 글을
읽기 전에 먼저 살펴 두세요.

어려운 낱말은 낱말 풀이에 정리해
두었어요. 낱말의 뜻을 알아보며
읽어 보세요.

짧은 지문 독해 + 어휘력 퀴즈

독해 원리와 관련 있는 지문을
다시 한번 공부해요.

지문에 나온 낱말의 뜻과 쓰임,
어휘, 맞춤법을 퀴즈로 풀어 봐요.

[5~6] 다음을 읽고 물음에 답하세요.

*무더운 여름날이었어요. 물을 마시려던 개미가 발을 *헛디뎌 물에
빠지고 말았어요.

"앗, 살려 주세요!"

그때 마침 나무에 앉아 있던 비둘기가 그 모습을 보았어요. 비둘
기는 ㉠*재빠르게 나뭇잎을 따서 개미에게 던져 주었어요.

"개미야, 어서 그 나뭇잎을 잡아!"

개미는 온 힘을 다해 나뭇잎을 잡고 땅 위로
올라왔어요.

"비둘기야, 고마워. 네 덕분에 목숨
을 구했어."

이솝, 「개미와 비둘기」

도와줘요!

* 무더운: 찌는 듯 견디기 어렵게 더운.
* 헛디뎌: 발을 잘못 디뎌.
* 재빠르게: 움직임이 아주 빠르게.

어휘 알기

5 ㉠과 뜻이 반대되는 낱말은 무엇인가요? ( )

① 날쌔게　　　　② 잽싸게　　　　③ 날래게
④ 느리게　　　　⑤ 신속하게

내용 이해

6 다음과 같은 행동을 한 인물을 골라 ○표 하세요.

여름날에 물을 마시려고 했다	나뭇잎을 따서 던져 주었다.	나뭇잎을 잡고 땅 위로 올라왔다.
(1) (개미 / 비둘기)	(2) (개미 / 비둘기)	(3) (개미 / 비둘기)

10

☆ 어휘력 팡팡

1 다음 뜻에 알맞은 낱말을 선으로 이으세요.

(1)
시끄럽고
떠들썩하다.

(2)
찌는 듯 견디기
어렵게 덥다.

(3)
남의 물건을
빼앗거나 가～

㉮ 무덥다　　　㉯ 요란하다　　　㉰ 낚아채다

2 보기처럼 나머지 셋을 포함하는 낱말에 색칠하세요.

보기	감나무	밤나무	벚나무	나무

(1)	개미	나비	곤충	벌
(2)	독수리	비둘기	까치	새
(3)	농부	직업	가수	의사

오늘 학습은 어땠나요? ☑해 보세요.　　　쉬움☐　　보통☐　　어려움☐

앞서 배운 독해 원리를
대표 유형 문제로 반복해서
연습해요.

오늘의 공부를 마친 뒤에는
독해 학습이 어땠는지
스스로 평가해요.

6가지 독해 문제 유형

내용 이해

글에 나타난 정보나 사실 등을 이해하고 확인하는 문제 유형이에요. 글의 제목이나 중심 문장을 찾아보거나, 글쓴이의 의견과 까닭, 이야기 속에서 일어난 일을 찾는 문제가 주로 나와요. 글을 전체적으로 빠르게 훑어 보고, 문제와 관련 있는 부분은 좀 더 주의를 기울여 읽으면서 글의 내용을 파악해 보세요.

구조 알기

글의 짜임을 파악하고 중요한 내용을 간추려 보는 문제 유형이에요. 각 문단의 내용을 파악해 전체 글의 구조를 이해하는 문제나 일이 일어난 차례를 알아보는 문제가 주로 나와요. 글을 읽을 때 간단한 그림이나 표로 정리해 보면, 대상을 비교하거나 글의 흐름을 파악하는 데 도움이 될 수 있어요.

추론 하기

글의 내용을 바탕으로 글에 숨겨진 정보나 의미를 유추해 보는 문제 유형이에요. 생략된 내용을 추측하거나, 이야기 속 인물의 말과 행동을 통해 생각이나 성격을 짐작하는 문제가 주로 나와요. 글의 전체 내용을 이해하고, 앞뒤 문장이나 중심 낱말을 중점적으로 살펴보며 문제를 해결할 단서를 찾아보세요.

비판 하기

글에 나오는 의견과 근거가 올바른지 판단하고 평가하는 문제 유형이에요. 글쓴이의 생각과 그 까닭이 타당한지 살펴보거나, 이야기 속 인물의 생각과 내 생각을 비교해 보는 문제가 주로 나와요. 글쓴이나 인물의 의견이 한쪽으로 치우치지 않는지, 까닭은 의견을 잘 뒷받침하고 있는지 꼼꼼하게 따져 보세요.

문제 해결

글의 내용을 실제 생활에 적용해 보는 문제 유형이에요. 글쓴이가 겪은 일과 비슷한 경험을 찾는 문제가 주로 나와요. 글쓴이의 생각이나 이야기 속 인물의 마음이 잘 드러난 부분을 읽으며 자신의 경험을 떠올려 보거나, 다른 사람의 입장에 비추어 보는 과정을 통해 문제 상황을 이해하고 해결 방안을 찾을 수 있어요.

어휘 알기

글을 읽으며 낱말을 살펴보고, 낱말의 정확한 뜻과 형태를 알아보는 문제 유형이에요. 낱말과 관용어, 속담의 의미를 물어보거나 비슷한말과 반대말 등 낱말 사이의 관계에 관한 문제가 주로 나오지요. 낱말의 올바른 뜻과 맞춤법을 익히는 것은 글을 빠르고 정확하게 이해하기 위한 기본 원리랍니다.

2단계 (초등 2~3학년)_인문

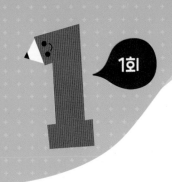

설명문 인물을 소개하는 내용 알기

내 짝꿍을 소개합니다

저는 제 짝꿍 김승훈을 소개하려고 합니다. 승훈이는 얼굴이 동그랗고 키가 크며 ㉠항상 잘 웃습니다. 웃음소리가 크고 *유쾌해서 승훈이가 웃으면 반 아이들 모두 기분 좋아 합니다.

승훈이는 친절하고 다른 사람을 잘 배려해 주는 *성격을 지녔습니다. 친구가 무거운 물건을 들고 가면 달려가서 같이 들어 줍니다. 체육 시간에 달리기나 공놀이를 하다 친구가 넘어지면 가장 먼저 뛰어가 일으켜 주는 것도 승훈이입니다. 민호가 다리를 다쳐 *깁스를 한 적이 있었는데, 그때 승훈이가 민호의 가방을 메고 집까지 함께 가 주었습니다. 그러다 보니 반 아이들 모두 승훈이를 좋아하고 승훈이와 사이좋게 지냅니다.

승훈이가 잘하는 것으로는 두 가지를 꼽을 수 있습니다. 승훈이가 첫 번째로 잘하는 것은 글짓기입니다. 지난번에는 우리 학교에서 열린 *백일장에서 상을 타기도 하였습니다. 또 승훈이는 글씨를 또박또박 잘 씁니다. 선생님께서도 승훈이가 글씨를 예쁘게 쓴다며 칭찬해 주셨습니다.

승훈이가 좋아하는 것은 태권도입니다. 승훈이는 몇 년 전부터 태권도를 배우기 시작했는데, 처음에는 배우는 것이 힘들고 재미도 없었다고 합니다. 그런데 요즈음 *실력이 쑥쑥 늘다 보니 태권도를 하는 것이 아주 즐겁다고 합니다. 그래서 승훈이는 멋진 태권도 선수가 되는 것이 꿈입니다.

어떻게 읽을까?
글쓴이가 소개하는 인물이 누구이고, 그 인물이 어떤 특징을 가지고 있는지 생각하며 읽어 봐.

* **유쾌해서**: 즐겁고 상쾌해서.
* **성격**: 개인이 가지고 있는 고유의 성질이나 품성.
* **깁스**: 금이 가거나 부러진 뼈를 움직이지 못하게 붕대를 감고 석고를 발라 단단하게 굳힌 것.
* **백일장**: 국가나 단체에서, 글짓기에 힘쓰도록 북돋기 위해 실시하는 글짓기 대회.
* **실력**: 실제로 갖추고 있는 힘이나 능력.

1 이 글을 통해 알 수 <u>없는</u> 것은 무엇인가요? (   )

① 승훈이의 성격   ② 승훈이의 생김새

③ 승훈이가 잘하는 것   ④ 승훈이가 좋아하는 것

⑤ 승훈이가 싫어하는 것

2 승훈이에 대해 소개한 내용으로 알맞으면 ○표, 알맞지 <u>않으면</u> ✕표 하세요.

(1) 얼굴이 동그랗고 키가 크다.   (   )

(2) 그림 대회에서 상을 타기도 하였다.   (   )

(3) 멋진 축구 선수가 되려는 꿈을 가지고 있다.   (   )

(4) 글씨를 예쁘게 써서 선생님께 칭찬받은 적이 있다.   (   )

3 ㉠과 바꾸어 쓸 수 있는 낱말을 모두 고르세요. (   )

① 늘   ② 가끔   ③ 종종

④ 언제나   ⑤ 이따금

4 글쓴이와 비슷한 경험을 말한 친구에게 ○표 하세요.

(1) 우리 반에서 독서왕으로 뽑힌 적이 있어.

(2) 부모님께 새로 알게 된 친구를 소개한 적이 있어.

[5~6] 다음을 읽고 물음에 답하세요.

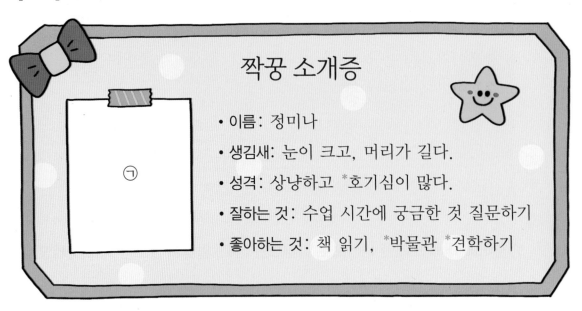

짝꿍 소개증

ㄱ

• 이름: 정미나
• 생김새: 눈이 크고, 머리가 길다.
• 성격: 상냥하고 *호기심이 많다.
• 잘하는 것: 수업 시간에 궁금한 것 질문하기
• 좋아하는 것: 책 읽기, *박물관 *견학하기

＊**호기심**: 새롭고 신기한 것을 좋아하거나 모르는 것을 알고 싶어 하는 마음.
＊**박물관**: 옛날 물건이나 예술품, 학술 자료 같은 것을 모아 간수하고 여러 사람한테 보여 주는 곳.
＊**견학하기**: 어떤 일과 관련된 곳을 직접 찾아가서 보고 배우기.

5 '정미나'에 대한 내용으로 알맞지 <u>않은</u> 것은 무엇인가요? (   )

① 상냥하다.
② 호기심이 많다.
③ 책 읽는 것을 좋아한다.
④ 수영장에 가는 것을 좋아한다.
⑤ 수업 시간에 궁금한 것이 있으면 질문을 잘한다.

6 ㄱ에 들어갈 그림으로 알맞은 것에 ○표 하세요.

(1) (   )　　　(2) (   )　　　(3) (   )

☆ 어휘력 팡팡

1 뜻이 반대되는 낱말끼리 짝 지어진 것을 따라 선을 그어 길을 찾으세요.

동시 **시에 나타난 감각적 표현 알기**

비 온 뒤

이준관

어떻게 읽을까?

감각적 표현은 사물의 느낌을 눈으로 보고, 귀로 듣고, 코로 냄새 맡고, 입으로 맛보고, 손으로 만지듯이 생생하게 표현한 것을 말해. 시에서 이런 표현이 나타난 곳을 살피면서 읽어 봐.

달팽이 나왔다

연둣빛 *새순 같은 뿔
내밀고 나왔다

지렁이 나왔다

㉠온몸에 *떡고물 같은 흙
고물고물 묻히고 나왔다

아이들이 나왔다

두 손에
하늘의 무지개
번쩍! 들고 나왔다

* **새순**: 새로 돋아나는 순.
* **떡고물**: 떡의 층 사이에 깔거나 떡의 겉에 묻히는 재료.

내용 이해

1 이 시에서 비 온 뒤에 나온 것은 누구인지 모두 고르세요. (   )

① 새순   ② 달팽이   ③ 지렁이   ④ 떡고물   ⑤ 아이들

내용 이해

2 ㉠은 무엇을 생생하게 표현한 것인지 알맞은 것에 ○표 하세요.

(1) 달팽이가 흙 속에서 나오는 모습   (   )

(2) 아이들이 두 손으로 흙장난을 하는 모습   (   )

(3) 지렁이가 온몸에 흙을 묻히고 나온 모습   (   )

추론하기

3 이 시를 읽고 떠올린 장면으로 알맞은 것에 ○표 하세요.

(1) (   )   (2) (   )   (3) (   )

비판하기

4 이 시를 읽고 난 생각이나 느낌을 알맞게 말하지 <u>못한</u> 친구의 이름을 쓰세요.

세희: 달팽이의 뿔을 연둣빛 새순에 빗대어 새롭게 느껴졌어.

정빈: 비가 그치고 난 뒤 세상이 맑고 깨끗해진 모습을 표현했어.

윤서: 비가 그친 뒤 아이들이 지렁이와 함께 흙장난하는 모습을 재미있게
    표현했어.

(   )

[5~6] 다음을 읽고 물음에 답하세요.

진공청소기

유희윤

㉠윙윙윙 슉슉슉
머리카락을 먹는다.
윙윙윙 슉슉슉
과자 *부스러기를 먹는다.
윙윙윙 슉슉슉
윙윙윙 슉슉슉
텔레비전에 나오는
아이돌 노래까지 먹는다.
내 발까지 먹어 치울 *기세다.
소리치게 한다.

엄마,
청소기 나중에 돌리면 안 돼요?

＊ **부스러기**: 잘게 부스러진 물건.
＊ **기세**: 남에게 영향을 끼칠 기운이나 태도.

 내용 이해

5 이 시의 글감은 무엇인지 찾아 쓰세요.

내용 이해

6 ㉠에 대해 알맞게 말한 친구의 이름을 쓰세요.

> 유나: 우주선에서 나는 소리를 생생하게 표현했어.
>
> 도현: 텔레비전에서 나오는 소리를 들리는 것처럼 표현했어.
>
> 재민: 청소기를 돌릴 때 나는 소리를 귀에 들리듯이 표현했어.

(　　　　　)

1 ( ) 안에 들어갈 알맞은 낱말을 보기에서 찾아 쓰세요.

| 보기 | 새순 | 기세 | 떡고물 | 부스러기 |

(1) 사진 속의 호랑이는 금방이라도 달려들 ( )였다.

(2) 봄이 되자 나뭇가지에 파릇파릇한 ( )이 돋아났다.

(3) 도현이는 옷에 묻은 빵 ( )를 손으로 탈탈 털어 냈다.

(4) 인절미를 만들 때에는 대개 콩가루를 ( )로 사용한다.

2 ( ) 안에 알맞은 낱말을 골라 ○표 하세요.

(1)

민수가 (텔레비전 / 텔레비젼)을 보고 있다.

(2)

진희가 컵에 든 (쥬스 / 주스)를 마시고 있다.

(3)

민지가 (초콜렛 / 초콜릿)을 맛있게 먹고 있다.

(4)

아빠와 (수퍼마켓 / 슈퍼마켓)에 물건을 사러 갔다.

오늘 학습은 어땠나요? ✓해 보세요.　　쉬움 □　　보통 □　　어려움 □

전래 동화 | 인물의 마음 짐작하기

피리 부는 사나이

독일에 하멜른이라는 아름다운 도시가 있었어요. 어느 날부터 이곳에 쥐들이 *들끓기 시작했어요. 거리를 뒤덮은 쥐 떼들은 집 안까지 들어왔지요. 사람들은 쥐를 없애려고 온갖 방법을 썼지만 소용이 없었어요. 참다못한 사람들은 하멜른 시장에게 *몰려갔어요.

"쥐 때문에 하루도 못 살겠습니다. 제발 *대책 좀 세워 주세요!"

시장은 곰곰이 생각했지만 뾰족한 *수가 없었어요. 그렇게 시장과 사람들이 고민에 빠져 있을 때였어요. 마을에 낯선 사나이 하나가 나타나 이야기했어요.

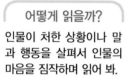

어떻게 읽을까?
인물이 처한 상황이나 말과 행동을 살펴서 인물의 마음을 짐작하며 읽어 봐.

"제가 쥐들을 모두 없애 드리겠습니다. 대신 그 ㉠댓가로 금화 천 냥을 주십시오."

"쥐를 없앨 수만 있다면 당연히 드리지요."

시장의 말을 들은 사나이는 피리를 꺼내 들고 길을 걸으며 피리를 불었어요. 그러자 집집마다 쥐들이 몰려나와 사나이 뒤를 졸졸 따랐어요.

사나이는 계속해서 피리를 불며 강가로 향했어요. 사나이가 옷을 입은 채 강물로 들어가자 뒤따르던 쥐들도 강물로 풍덩 뛰어들었지요. 결국 한 마리의 쥐도 남김없이 물에 빠져 죽었어요.

㉡"와! 쥐가 사라졌다!"

사람들은 *얼싸안고 소리쳤어요.

그림 형제, 「피리 부는 사나이」

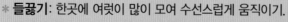

* **들끓기**: 한곳에 여럿이 많이 모여 수선스럽게 움직이기.
* **몰려갔어요**: 여럿이 떼를 지어 한쪽으로 갔어요.
* **대책**: 어려운 상황을 이겨 낼 계획이나 수단.
* **수**: 어떤 일을 하는 방법.
* **얼싸안고**: 두 팔을 벌려 껴안고.

내용 이해

1 이 글의 내용으로 알맞지 <u>않은</u> 것은 무엇인가요? (　　　　)

① 어느 날부터 하멜른에 쥐들이 들끓기 시작했다.

② 사람들이 쥐를 없애려고 온갖 방법을 썼지만 소용없었다.

③ 참다못한 사람들은 시장에게 몰려가 대책을 세워 달라고 했다.

④ 낯선 사나이는 쥐를 모두 없애 줄 테니 금화 천 냥을 달라고 했다.

⑤ 사람들의 말을 들은 시장은 고민 끝에 낯선 사나이를 데리고 왔다.

구조 알기

2 낯선 사나이가 한 일의 차례에 맞게 기호를 쓰세요.

> ㉮ 쥐들이 강물로 퐁당 뛰어들었다.
>
> ㉯ 사나이가 길을 걸으며 피리를 불었다.
>
> ㉰ 쥐들이 몰려나와 사나이의 뒤를 따랐다.
>
> ㉱ 사나이가 피리를 불며 옷을 입은 채 강물에 들어갔다.

(　　　　) ➡ (　　　　) ➡ (　　　　) ➡ (　　　　)

어휘 알기

3 ㉠을 맞춤법에 맞게 고쳐 쓰세요.

댓가　➡　[　　　　　]

추론하기

4 ㉡에서 알 수 있는 하멜른 사람들의 마음으로 알맞은 것은 무엇인가요? (　　　　)

① 슬프고 괴로운 마음　　　　② 기쁘고 후련한 마음

③ 귀찮고 짜증스러운 마음　　④ 그립고 후회스러운 마음

⑤ 창피하고 당황스러운 마음

[5~6] 다음을 읽고 물음에 답하세요.

쥐 떼를 없앤 사나이는 사람들에게 이야기했어요.

"약속대로 금화 천 냥을 주십시오."

그러자 시장과 사람들의 얼굴이 싹 변했어요.

"겨우 피리를 불어 쥐를 없애 놓고 금화 천 냥이라니.
그렇게 많은 돈은 줄 수 없어!"

"시장님의 말씀이 맞아요."

사나이는 시장과 사람들을 *쏘아보며 이야기
했어요.

㉠"약속을 어기다니! 당신들은 곧 후회하게 될 거요!"

그림 형제, 「피리 부는 사나이」

＊ **쏘아보며**: 날카롭게 노려보며.

5 ㉠에서 알 수 있는 사나이의 마음으로 알맞은 것은 무엇인가요? (　　　　)

① 기쁜 마음　　　　② 분한 마음　　　　③ 신기한 마음

④ 홀가분한 마음　　⑤ 시큰둥한 마음

6 이 글에 대한 생각이나 느낌을 알맞게 말하지 <u>못한</u> 친구에게 ○표 하세요.

(1) 상황에 따라 말을 바꾼 시장과 사람들이 너무하다는 생각이
들었어.

(2) 이야기 속 사람들처럼 멋대로 약속을 어기지 말아야겠다고
다짐했어.

(3) 사람들에게 돈을 받지 않고 그냥 돌아가다니 피리 부는 사
나이는 마음이 넓은 것 같아.

1 다음 낱말에 알맞은 뜻을 선으로 이으세요.

(1) 들끓다 ●

(2) 몰려가다 ●

(3) 쏘아보다 ●

● ㉮ 날카롭게 노려보다.

● ㉯ 여럿이 떼를 지어 한쪽으로 가다.

● ㉰ 한곳에 여럿이 많이 모여 수선스럽게 움직이다.

2 빈칸에 들어갈 알맞은 낱말에 색칠하세요.

(1)

독수리가 파란 하늘을 ☐ 날고 있다.

졸졸   훨훨

(2)

동생은 블록 장난감을 상자에 ☐ 쌓았다.

송골송골   차곡차곡

(3)

나는 오랜만에 친구와 ☐ 이야기를 나누었다.

오손도손   대롱대롱

논설문 글쓴이의 의견 파악하기

웃어른께 높임말을 씁시다

부모님과 마트에 갔을 때의 일입니다. 제 *또래로 보이는 한 아이가 장난감을 고르더니 옆에 계신 할머니께 "할머니, 나 이거 사 줘."라고 말했습니다. 저는 그 아이의 말을 듣고 놀라고 당황스러웠습니다. 할머니께 친구에게 말하는 것처럼 반말로 이야기했기 때문입니다. 저는 우리 어린이들이 *웃어른과 이야기할 때 높임말을 사용했으면 좋겠습니다.

높임말은 우리가 지켜야 할 *언어 예절입니다. 식사를 할 때에는 지켜야 할 예절이 있고, *공공장소에서 지켜야 할 예절이 있듯이 말을 할 때에도 예절을 지켜야 합니다.

또한 높임말을 사용하는 것은 웃어른을 ㉠존경하는 마음을 표현하는 가장 좋은 방법입니다. 높임말에는 어른을 *공경하는 뜻이 담겨 있기 때문입니다. 마음속으로는 부모님과 할머니, 할아버지를 존경하고 사랑하면서도 반말을 쓰면 그 마음을 나타낼 수 없습니다. 그러나 높임말을 사용하면 마음속에 있는 공경하는 마음을 말로써 밖으로 드러낼 수 있습니다. 높임말을 써서 웃어른을 존경하는 마음을 표현해 봅시다.

어떻게 읽을까?
글쓴이가 내세우는 의견과 까닭이 무엇인지 찾으며 읽어 봐.

* **또래**: 나이나 수준이 서로 비슷한 무리.
* **웃어른**: 자기보다 나이가 많거나 높은 자리에 있는 사람.
* **언어 예절**: 말하거나 글을 쓰는 상황에서 지켜야 할 예절.
* **공공장소**: 도서관, 공원, 우체국 등 여러 사람이 함께 이용하는 곳.
* **공경하는**: 공손히 받들어 모시는.

내용 이해

1 글쓴이가 마트에서 놀랐던 까닭에 ○표 하세요.

(1) 처음 보는 또래 아이가 글쓴이에게 말을 걸어서   (   )

(2) 또래로 보이는 아이가 할머니께 반말을 사용해서   (   )

(3) 자기보다 한참 어린 아이가 할머니께 높임말을 써서   (   )

어휘 알기

2 ㉠과 뜻이 반대되는 낱말을 모두 고르세요. (   )

① 받드는   ② 얕보는   ③ 모시는

④ 무시하는   ⑤ 우러르는

구조 알기

3 다음은 글쓴이의 의견과 까닭이에요. 빈칸에 공통으로 들어갈 낱말을 쓰세요.

의견	웃어른께 [ ]을 쓰자.
의견에 대한 까닭	• [ ]은 우리가 지켜야 할 언어 예절이다. • [ ]을 사용하는 것은 웃어른을 존경하는 마음을 표현하는 가장 좋은 방법이다.

(   )

어휘 알기

4 높임말을 바르게 쓴 문장의 기호를 쓰세요.

㉮ 할머니, 밥 먹어요.

㉯ 오늘은 우리 아빠 생일이야.

㉰ 오늘 할아버지 댁에 가기로 했어.

㉱ 어버이날이니 부모님께 선물을 줘야지.

(   )

[5~6] 다음을 읽고 물음에 답하세요.

* 존중하는: 사람을 높이어 귀중하게 여기는.
* 공손히: 겸손하고 예의 바른 말이나 행동으로.

5 이 광고에 나타난 의견은 무엇인가요? (   )

① 이웃에게 인사를 잘하자.
② 친구에게 반갑게 인사하자.
③ 웃어른께 공손히 인사하자.
④ 상황에 맞는 인사말을 하자.
⑤ 밝은 목소리로 인사말을 건네자.

6 이 광고를 보고 바르게 행동하지 못한 친구의 이름을 쓰세요.

민정: 웃어른께 허리를 숙여서 인사를 했어.

수호: 웃어른과 마주쳐서 걸음을 멈추고 인사를 했지.

지우: 추워서 주머니에 손을 넣고 웃어른께 인사말을 건넸어.

(   )

1 첫소리를 참고해 다음 뜻에 알맞은 낱말을 쓰세요.

(1)

ㄸ ㄹ

나이나 수준이
서로 비슷한 무리.

☐ ☐

(2)

ㄱ ㄱ ㅈ ㅅ

도서관, 공원, 우체국 등
여러 사람이 함께 이용하는 곳.

☐ ☐ ☐ ☐

(3)

ㅇ ㅇ ㄹ

자기보다 나이가 많거나
높은 자리에 있는 사람.

☐ ☐ ☐

2 각 낱말의 높임 표현을 보기에서 찾고 사다리를 타고 내려가 빈칸에 쓰세요.

보기   성함   연세   계시다   편찮으시다   여쭈어보다

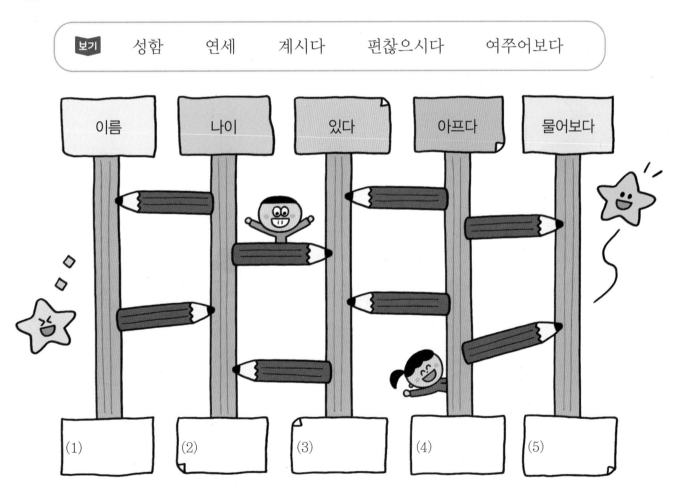

이름   나이   있다   아프다   물어보다

(1)   (2)   (3)   (4)   (5)

독서 감상문 독서 감상문의 내용 요소 알기

두 형제의 우애처럼

어떻게 읽을까?
글쓴이가 읽은 책 제목과 책을 읽게 된 까닭, 책 내용, 책을 읽은 뒤에 들었던 생각이나 느낌을 찾으면서 읽어 봐.

민석아, 나는 오늘 『의좋은 형제』라는 책을 읽었어. 책 제목을 보고 궁금해서 읽어 보게 되었단다. 무슨 내용인지 너도 궁금하지? 내가 간단하게 얘기해 줄게.

옛날에 사이좋은 형과 아우가 살았어. 가을이 되자 형제는 *추수를 하고, *볏섬을 똑같이 나눠 각자 집으로 가져가. 그날 밤, 형은 동생 집에 몰래 가서 자기 볏섬을 놓고 와. 동생이 *장가 간 지 얼마 안 됐으니 곡식이 더 필요할 거라고 생각했거든. 같은 날 밤, 동생도 형의 집에 몰래 볏섬을 놓고 왔어. 형은 아이들이 있으니 곡식이 더 필요할 거라고 생각했기 때문이야.

다음 날, 두 사람은 *곳간의 볏섬이 줄지 않고 그대로인 것을 보고 깜짝 놀랐어. 둘은 각자 다시 몰래 찾아가 볏섬을 놓고 와야겠다고 생각하지. 그날 밤, 두 형제는 길에서 마주치게 돼. 볏섬이 줄지 않은 까닭을 알게 되어 서로를 *부둥켜안았단다.

나는 이 책을 읽고 앞으로 좋은 것이 있으면 동생에게 양보하고 사이좋게 지내야겠다고 마음먹었어. 그리고 너에게도 이 책을 소개해야겠다고 생각했지. 책 내용이 무척 따뜻하고 감동적이거든. 너도 한번 꼭 읽어 보렴.

* **추수**: 가을에 익은 곡식을 거두어들임.
* **볏섬**: 짚으로 엮어 만들어 벼를 담는 데 쓰는 자루.
* **장가**: 남자가 아내를 맞는 일.
* **곳간**: 물건을 간직하여 두는 곳.
* **부둥켜안았단다**: 두 팔로 꼭 끌어안았단다.

구조 알기

1 이 글에 대한 설명으로 알맞은 것에 ○표 하세요.

(1) 일기 형식으로 쓴 독서 감상문이다. 　(　　)

(2) 편지 형식으로 쓴 독서 감상문이다. 　(　　)

(3) 생활문 형식으로 쓴 독서 감상문이다. (　　)

내용 이해

2 글쓴이가 이 책을 읽게 된 까닭은 무엇인가요? (　　)

① 전래 동화를 좋아해서

② 친구가 재미있다고 권해 주어서

③ 동생과 다툰 뒤에 엄마가 권해 주셔서

④ 책 표지에 있는 그림이 재미있어 보여서

⑤ 책 제목을 보고 어떤 내용일까 궁금해서

내용 이해

3 글쓴이가 소개한 책 내용으로 알맞으면 ○표, 알맞지 않으면 ✕표 하세요.

(1)

형제는 추수를 하고 볏섬을 똑같이 나누어 각자의 집에 가져갔다. (　　)

(2)

형과 동생은 상대방이 더 많은 곡식이 필요할 거라고 생각했다. (　　)

(3)

그날 밤, 형은 동생의 집에, 동생은 형의 집에 찾아가서 몰래 볏섬을 놓고 돌아왔다. (　　)

(4)

다음 날, 형제는 자기 집 볏섬이 줄지 않고 그대로 있는 것을 보고 그 까닭을 바로 알아챘다. (　　)

4 글쓴이가 이 책을 친구에게 소개한 까닭은 무엇인가요? (   )

① 책에 신기한 인물이 등장해서

② 책 내용이 무척 따뜻하고 감동적이어서

③ 친구가 동생과 사이좋게 지내기를 바라서

④ 친구가 재미있는 책을 추천해 달라고 해서

⑤ 선생님이 꼭 한번 읽어 보라고 말씀하셔서

5 두 낱말의 관계가 보기와 같은 것에 ○표 하세요.

보기	동생 – 아우

밤 – 낮	책 – 도서	아이 – 어른
(1) ( )	(2) ( )	(3) ( )

6 다음은 책을 읽은 뒤에 든 생각이나 느낌이에요. 빈칸에 들어갈 알맞은 낱말을 찾아 쓰세요.

> 글쓴이는 이 책을 읽고 좋은 것이 있으면 동생에게 ☐☐ 하고 사이좋게 지내야겠다고 마음먹었다. 그리고 친구에게 이 책을 소개해야겠다고 생각했다.

7 독서 감상문에 대한 설명으로 알맞으면 ○표, 알맞지 않으면 ✕표 하세요.

(1) 독서 감상문에는 자신의 생각이나 느낌을 간단하고 짧게 쓴다. (   )

(2) 독서 감상문은 책을 읽고 자신의 생각이나 느낌을 적은 글이다. (   )

(3) 독서 감상문을 쓰면 책에서 얻은 지식이나 느낀 점을 오래 기억할 수 있다.

(   )

1 빈칸에 들어갈 알맞은 글자를 구슬에서 찾아 쓰세요.

과 동 곡 절

봄, 여름, 가을, 겨울을
모두 포함하는 말은?

(1) 계 □

쌀, 보리, 콩, 조를
포함하는 말은?

(2) □ 식

귤, 사과, 포도, 배를
모두 포함하는 말은?

(3) □ 일

축구, 수영, 농구, 배구를
모두 포함하는 말은?

(4) 운 □

실내화, 구두, 운동화를
모두 포함하는 말은?

(5) □ 발

호박, 상추, 당근, 오이를
모두 포함하는 말은?

(6) □ 소

공책, 자, 연필, 지우개를
모두 포함하는 말은?

(7) □ 용 품

기차, 비행기, 자동차를
모두 포함하는 말은?

(8) □ □ 수 단

통 신 학 교 채

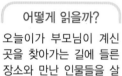

신화 시간과 장소의 변화 파악하기

오늘이

아주 오랜 옛날, 아무것도 없는 들판에 한 여자아이가 나타났어. 아이는 부모 없이 학의 *보살핌을 받으며 자랐지. 아이를 발견한 마을 사람들은 아이에게 오늘 만났다고 해서 '오늘이'라는 이름을 붙여 주었어. 마을에 들어온 오늘이는 백씨 부인 집에서 지내게 되었어.

어느 날, 백씨 부인은 꿈에서 오늘이 부모님을 보게 되었어. 부인은 오늘이를 불러 부모님이 하늘나라 원천강에 계신다고 말해 주었지. 원천강에 가는 길이 궁금하면 흰모래마을 *정자에서 글을 읽는 장상 *도령을 찾아가 보라고 했단다. 오늘이는 부모님이 계신 곳을 찾아 떠났어.

오늘이는 남쪽을 향해 온종일 걸어서 드디어 흰모래마을에 도착했어. 정자에서 글을 읽고 있는 장상 도령을 만나 원천강에 가는 길을 물었어.

"저 길을 따라가면 연못이 나오는데, 거기 있는 연꽃나무에게 물으면 원천강에 가는 길을 알려 줄 거야. 나는 옥황상제의 *명으로 글을 읽고 있는데, 언제까지 이곳에 있어야 할지 원천강에 가서 알아봐 줄래?"

오늘이는 알겠다고 대답하고 다시 길을 떠났어. 한참을 걸어 만난 연못에는 꽃 한 송이가 피어 있는 연꽃나무가 있었지. 오늘이가 원천강에 가는 길을 묻자 연꽃나무가 말했어.

"저 길로 가다 보면 푸른 바다가 나오는데, 거기 있는 *이무기에게 물어보면 알려 줄 거야. 그런데 나는 윗가지에만 딱 한 송이의 꽃이 피거든. 다른 가지에는 왜 꽃이 피지 않는지 원천강에 가서 알아봐 줄래?"

오늘이는 그러겠다고 하고 길을 떠났어. 푸른 바다에 가자 과연 이무기가 있었단다.

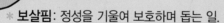

* **보살핌**: 정성을 기울여 보호하며 돕는 일.
* **정자**: 경치가 좋은 곳에 지은, 벽이 없이 기둥과 지붕만 있는 집.
* **도령**: 옛날에 양반 집안의 결혼하지 않은 남자를 이르던 말.
* **명**: 윗사람이 내린 명령.
* **이무기**: 옛날부터 이야기로만 전해 오는 동물. 용이 되지 못하고 물속에 산다는 큰 구렁이를 이름.

어떻게 읽을까?
오늘이가 부모님이 계신 곳을 찾아가는 길에 들른 장소와 만난 인물들을 살피면서 읽어 봐.

내용 이해

1 오늘이에게 부모님이 계신 곳을 알려 준 인물은 누구인가요? (　　　　)

① 학　　　　　　　　② 이무기　　　　　　　③ 연꽃나무

④ 장상 도령　　　　　⑤ 백씨 부인

내용 이해

2 이 글의 내용으로 알맞으면 ○표, 알맞지 <u>않으면</u> ✕표 하세요.

(1) '오늘이'라는 이름은 오늘이의 부모님이 지어 주었다.　　　　　(　　　)

(2) 오늘이는 들판에서 부모 대신 학의 보살핌을 받으며 자랐다.　　(　　　)

(3) 연꽃나무는 다른 가지에 꽃이 피지 않는 까닭을 궁금해했다.　　(　　　)

구조 알기

3 다음은 이 글을 장소의 변화에 따라 간추린 것이에요. 빈칸에 들어갈 알맞은 낱말을 쓰세요.

- ☐☐☐☐☐　　오늘이가 장상 도령을 만나 원천강에 가는 길을 물었다.

⬇

- ☐☐　　오늘이가 연꽃나무에게 원천강에 가는 길을 물었다.

⬇

- 푸른 바다　　오늘이가 이무기를 보았다.

추론하기

4 이 글 다음에 이어질 내용을 알맞게 짐작한 친구에게 ○표 하세요.

(1) 오늘이는 이무기에게 원천강으로 가는 길에 대해 물어보았을 거야.

(2) 이무기는 연꽃나무가 오늘이에게 알아봐 달라고 했던 것을 알려 주었을 거야.

> 옛날에 가난한 *총각이 있었어. 늦도록 장가를 못 가자 색시를 구하러 떠났지. 총각은 *좁쌀 한 톨을 가지고 한낮에 집을 나섰어. 한참을 걷다 밤이 되자, *주막에서 하룻밤 묵기로 했단다. 총각은 주인에게 좁쌀을 주며 잘 맡아 달라고 했어. 주인은 어이없어 하며 좁쌀을 마당에 휙 던졌어.
>
> 다음 날 아침, 총각은 맡겨 둔 좁쌀을 달라고 했어. 주인은 쥐가 먹어 버렸다며 다른 좁쌀을 주겠다고 했지. 그러자 총각이 말했어.
>
> ㉠"제가 맡긴 좁쌀이 없다면 그 좁쌀을 먹은 쥐라도 주십시오."
>
> 주인은 하는 수 없이 쥐를 한 마리 잡아 주었고, 총각은 쥐를 가지고 다시 길을 떠났어.
>
> 전래 동화, 「좁쌀 한 톨로 장가든 총각」

* **총각**: 결혼하지 않은 어른 남자.
* **좁쌀**: 곡식의 하나인 조의 열매를 찧은 쌀.
* **주막**: 옛날에 길가에서 음식을 팔거나 돈을 받고 나그네를 머물게 하던 곳.

5 다음은 이 글을 시간의 흐름에 따라 간추린 것이에요. 빈칸에 들어갈 알맞은 낱말을 쓰세요.

> 한낮에 가난한 총각이 색시를 구하러 집을 나섰다. ➡ ☐이 되자, 총각은 주막에서 묵기로 하고 주인에게 좁쌀을 맡겼다. ➡ ☐☐☐ ☐☐, 총각은 좁쌀 대신 쥐를 받아 다시 길을 떠났다.

6 ㉠의 말을 들은 주막 주인의 마음을 알맞게 짐작한 것은 무엇인가요? (   )

① 기쁘고 고마운 마음　　　　② 반갑고 설레는 마음

③ 행복하고 편안한 마음　　　　④ 어이없고 황당한 마음

⑤ 뿌듯하고 자랑스러운 마음

1 다음 뜻에 알맞은 낱말을 빈칸에 쓰세요.

결혼하지 않은
어른 남자.

(1) ☐☐

정성을 기울여
보호하며 돕는 일.

(2) ☐☐☐

경치가 좋은 곳에 지은,
벽이 없이 기둥과
지붕만 있는 집.

(3) ☐☐

2 달력을 보고 빈칸에 들어갈 알맞은 낱말을 보기 에서 찾아 쓰세요.

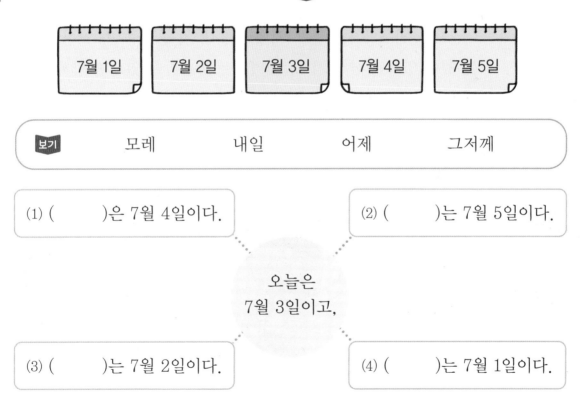

| 7월 1일 | 7월 2일 | 7월 3일 | 7월 4일 | 7월 5일 |

보기   모레   내일   어제   그저께

(1) (   )은 7월 4일이다.

(2) (   )는 7월 5일이다.

오늘은
7월 3일이고,

(3) (   )는 7월 2일이다.

(4) (   )는 7월 1일이다.

논설문 중심 생각 찾기

㉠

친구는 기쁜 일도, 슬픈 일도, 힘든 일도 함께 나눌 수 있는 소중한 존재예요. 그럼 친구와 잘 지내려면 어떻게 해야 할까요? 친구와 사이좋게 지내는 방법에 대해 알아보도록 해요.

(가) 친구와 사이좋게 지내려면 먼저 친구의 말을 잘 들어 주어야 해요. 친구의 말을 중간에 끊거나 내 얘기만 늘어놓으면 친구는 마음이 언짢고 기분이 좋지 않을 거예요. 그런 마음이 쌓이다 보면 사이가 멀어지게 된답니다.

어떻게 읽을까?
각 문단의 중심 문장을 찾아 글쓴이가 하고 싶은 말이 무엇인지 생각하며 읽어 봐.

(나) 또, 친구와 사이좋게 지내려면 친구를 *심하게 놀리면 안 돼요. 친하다는 이유로 싫어하는 *별명을 부르거나, 실수한 일을 들추어내 놀리는 경우가 있어요. 이렇게 하면 친구는 상처를 받아요. 진정한 친구라면 친구의 기분을 헤아려 주고, 친구를 *불쾌하게 만드는 행동은 하지 않도록 조심해요.

(다) 끝으로 친구와 사이좋게 지내려면 내 것을 나눌 줄 알아야 해요. 맛있는 것이 있으면 함께 먹고, 재미있는 장난감이 있으면 함께 가지고 노는 것이지요. 좋은 것을 함께 나누면 *돈독한 사이가 될 수 있어요.

이처럼 친구와 잘 지내는 방법은 여러 가지가 있어요. 친구와 *우정을 쌓으려면 어떻게 해야 하는지를 잘 알아 두고, 친구와 사이좋게 지내도록 노력해요.

* **심하게**: 정도가 지나치게.
* **별명**: 사람의 외모나 성격 등의 특징을 바탕으로 남들이 지어 부르는 이름.
* **불쾌하게**: 못마땅하여 기분이 좋지 않게.
* **돈독한**: 믿음, 의리, 인정 등이 깊고 성실한.
* **우정**: 친구 사이의 정.

내용 이해

1 ㉠에 들어갈 제목으로 알맞은 것은 무엇인가요? (   )

① 친구와 꼭 화해해요   ② 친구와 사이좋게 지내요

③ 이렇게 친구를 사귀어요   ④ 친구에게는 이렇게 충고해요

⑤ 친구에게 내 마음을 표현해요

내용 이해

2 다음은 글 ㈎~㈐의 중심 문장이에요. (   ) 안에 들어갈 알맞은 말을 쓰세요.

> ㈎: 친구와 사이좋게 지내려면 먼저 (   )을 잘 들어 주어야
>   해요.
> ㈏: 또, 친구와 사이좋게 지내려면 친구를 심하게 놀리면 안 돼요.
> ㈐: 끝으로 친구와 사이좋게 지내려면 (   )을 나눌 줄 알아
>   야 해요.

내용 이해

3 다음은 이 글의 중심 생각이에요. 밑줄 친 부분에 들어갈 알맞은 말을 쓰세요.

친구와 우정을 쌓을 수 있는 방법을 잘 알아 두고,

문제 해결

4 이 글을 읽고 알맞게 행동하지 <u>못한</u> 친구의 이름을 쓰세요.

> 민호: 엄마가 사 주신 맛있는 과자를 친구와 나누어 먹었어.
> 지수: 이야기를 나눌 때 내 얘기만 하지 않고 친구의 말에도 귀 기울였지.
> 현준: 함께 놀던 친구의 바지에 구멍이 났는데, 다른 아이들 앞에서 친구
>   를 놀렸어.

(   )

[5~6] 다음을 읽고 물음에 답하세요.

칭찬이란 상대의 좋은 점이나 훌륭한 점을 높이 *평가한 말입니다. "너는 수학을 참 잘하는구나.", "역시 네가 그린 그림은 항상 멋져." 같은 말이 바로 칭찬이지요.

친구끼리 이런 칭찬을 많이 주고받으면 좋겠습니다. 서로 잘한 일에 대해 칭찬하면, 듣는 사람도 말하는 사람도 기분이 좋아지기 때문입니다. 또한 칭찬을 들으면 칭찬받은 일에 대해 더 잘하려고 ㉠힘쓰게 됩니다. 처음에는 친구끼리 칭찬하는 것이 *쑥스러울지 몰라도, 자주 하다 보면 익숙해질 것입니다. 그러니 친구와 서로서로 칭찬을 주고받읍시다.

* 평가한: 값어치나 수준 같은 것을 헤아린.
* 쑥스러울지: 멋쩍고 부끄러울지.

 내용 이해

5 이 글의 중심 생각으로 알맞은 것에 ○표 하세요.

친구와 칭찬을 주고받자.	친구와 싸움을 하지 말자.	친구의 기분이 어떤지를 잘 살피자.
(1) ( )	(2) ( )	(3) ( )

 어휘 알기

6 ㉠과 바꾸어 쓸 수 있는 말은 무엇인가요? ( )

① 견디게　　　② 애쓰게　　　③ 판단하게
④ 관찰하게　　　⑤ 빈둥거리게

1 ( ) 안에 들어갈 알맞은 낱말을 보기에서 찾아 쓰세요.

보기	우정	별명	돈독하다

⑴ 호준이네 형제는 우애가 아주 ( ).

⑵ 찬우는 축구를 잘해서 아이들이 축구왕이라는 ( )을 붙여 주었다.

⑶ 예림이와 민서는 둘도 없는 단짝 친구로 삼 년째 끈끈한 ( )을 이어 오고 있다.

2 뜻이 비슷한 낱말이 쓰여진 양말을 짝 지어 같은 색으로 칠하세요.

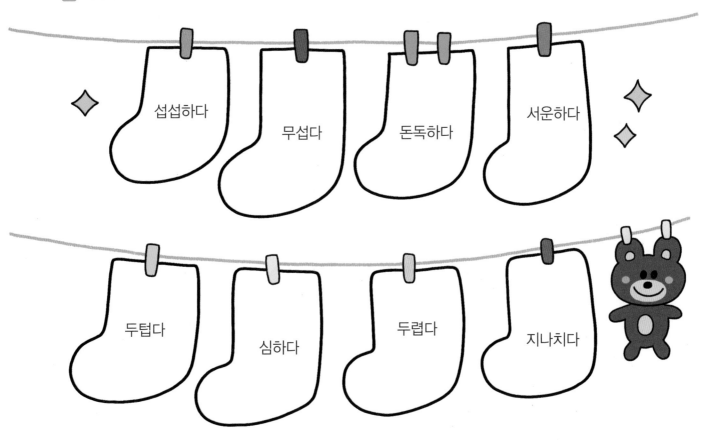

기사문 중요한 내용 간추리기

제15회 초록시 사과 축제 열려

㉠풍요로운 가을을 맞아 초록시에서는 사과 축제를 연다. 올해로 제15회를 맞이하는 초록시 사과 축제는 10월 21일부터 27일까지 초록 시립 공원 *일대에서 열린다.

이번 축제에서는 사과 껍질을 길게 깎는 사람을 뽑아 상품을 주는 사과 껍질 길게 깎기 대회와 사과로 직접 달콤한 잼을 만드는 사과잼 만들기 체험, 긴 낚싯대로 물속의 사과 *모형을 낚는 사과 낚시 등 다양한 프로그램이 진행된다. 또한 축제 기간 동안 매일 오후 3시에 축제를 찾은 사람들이 *저렴한 값에 사과를 구입할 수 있도록 깜짝 사과 판매 행사도 연다.

이 밖에도 축제 참가자들을 위해 초록역에서부터 초록 시립 공원까지 축제 기간 내내 버스를 *운행한다. 초록시 사과 축제에 가려는 사람은 누구나 이 버스를 *무료로 이용할 수 있다.

이번 사과 축제를 준비한 초록시 주민은 "지난해보다 더욱 다양하고 재미있는 행사가 많으니 이번 축제를 기대해도 좋다."고 말했다. 또 다른 주민은 "올해는 그 어느 해보다 사과 농사가 잘되었다. 많은 분들이 초록시 사과를 맛보러 오길 바란다."고 말했다.

어떻게 읽을까?
사과 축제를 소개하는 글에서 간추릴 만한 중요한 내용이 무엇인지 살피면서 읽어 봐.

* **일대**: 어떤 테두리 안에 들어가는 모든 곳.
* **모형**: 어떤 것을 그대로 본떠서 만든 물건.
* **저렴한**: 물건의 값이 싼.
* **운행한다**: 정해진 길을 따라 자동차나 열차 등이 다닌다.
* **무료**: 요금이 없음.

내용 이해

1 이 글의 내용으로 알맞으면 ○표, 알맞지 <u>않으면</u> ×표 하세요.

(1) 사과 축제는 초록 시립 공원 일대에서 열린다.   (   )

(2) 사과 축제에 가면 항상 사과를 저렴하게 살 수 있다.   (   )

(3) 올해 초록시는 그 어느 해보다 사과 농사가 잘되었다.   (   )

어휘 알기

2 ㉠의 뜻을 알맞게 말한 친구의 이름을 쓰세요.

> 주원: '모자란 것 없이 넉넉한'이라는 뜻이야.
>
> 우진: '모양이나 기운이 매서운'이라는 뜻이야.
>
> 도훈: '따뜻한 기운이 조금 있는'이라는 뜻이야.

(   )

구조 알기

3 다음은 이 글의 중요한 내용을 간추린 것이에요. 빈칸에 들어갈 알맞은 낱말이나 숫자를 쓰세요.

제15회 초록시 사과 축제

- 기간: 10월 21~ [   ] 일

- 장소: 초록 시립 공원 일대

- 프로그램: 사과 껍질 길게 깎기 대회, [   ][   ][   ] 만들기 체험,

   사과 낚시, 깜짝 사과 판매 행사(매일 오후 [   ] 시)

- 교통편: 초록역~초록 시립 공원 무료 버스 운행

[4~5] 다음을 읽고 물음에 답하세요.

여름 방학 독서 캠프에 오세요!

안녕하십니까? △△초등학교에서는 여름 방학을 맞아 학생들의 독서에 대한 흥미를 높이기 위해 20□□년 8월 5일부터 8월 7일까지 '여름 방학 독서 캠프'를 엽니다.

캠프는 이 기간 동안 2층 도서실에서 진행되며 1~2학년, 3~4학년, 5~6학년의 각 2개 학년마다 15명씩 학생을 *모집합니다.

참가를 원하는 학생은 신청서를 적어 7월 20일까지 담임 선생님께 *제출해 주세요.

＊**모집합니다**: 어떤 일에 필요한 사람을 모읍니다.
＊**제출해**: 내용을 담은 문서 등을 내놓아.

4 △△초등학교에서 여름 방학 독서 캠프를 여는 까닭에 ○표 하세요.

(1) 학생들에게 작가와 만날 기회를 주기 위해 　　　　　　　　（　　　）

(2) 학생들의 독서에 대한 흥미를 높이기 위해 　　　　　　　　（　　　）

(3) 학생들에게 서점을 이용하는 방법을 알려 주기 위해 　　　（　　　）

5 다음은 이 글의 내용을 간추린 메모예요. 빈칸에 들어갈 알맞은 내용을 쓰세요.

 여름 방학 독서 캠프

- 일시: 20□□년 8월 5일~8월 7일
- 장소: 2층 도서실
- 대상: 1~2학년, 3~4학년, 5~6학년 각 15명
- 참가 방법:

1 다음 뜻에 알맞은 낱말을 보기에서 찾아 길을 따라가 빈칸에 쓰세요.

보기   무료   모형   제출하다   운행하다   저렴하다

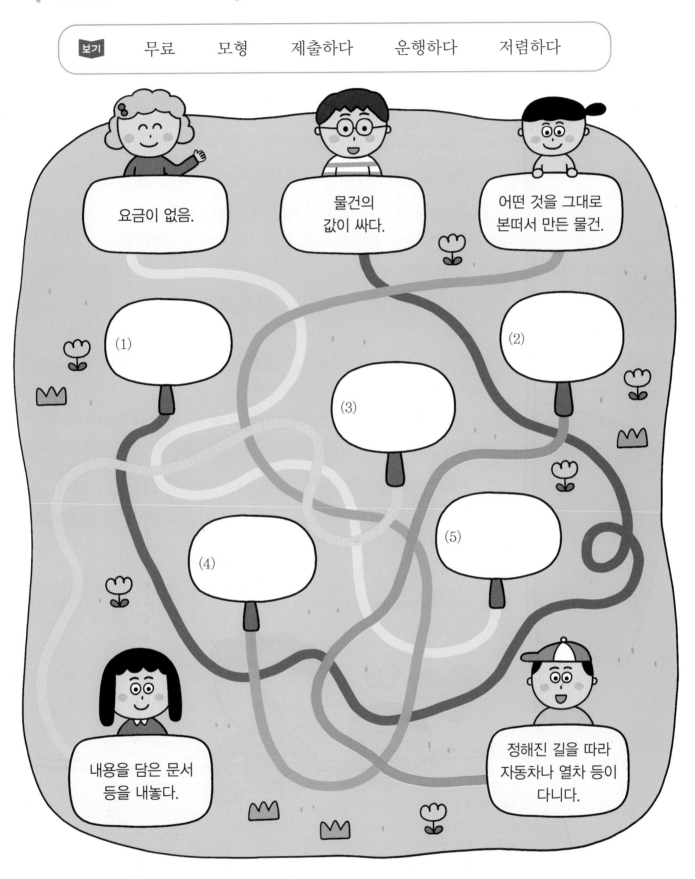

요금이 없음.

물건의
값이 싸다.

어떤 것을 그대로
본떠서 만든 물건.

(1)

(2)

(3)

(4)

(5)

내용을 담은 문서
등을 내놓다.

정해진 길을 따라
자동차나 열차 등이
다니다.

편지글 글쓴이의 마음 짐작하기

여름 방학을 기다리며

어떻게 읽을까?

글쓴이가 편지를 받을 사람에게 어떤 마음을 전하려고 하는지 짐작하며 읽어 봐.

삼촌께

삼촌이 사시는 곳이랑 저희 집이랑 거리가 가까웠는데, *작년에 삼촌이 *이사 가시면서 멀리 떨어지게 되었지요. 그때 삼촌하고 먼 곳에 살게 되어 얼마나 속상했는지 몰라요.

(가) 삼촌이 저랑 준우를 여기저기 많이 데려가셨잖아요. *수족관도 가고 놀이 공원도 가고 캠핑장에도 가고요. 그때 맛있는 음식도 사 주시고 재미있게 놀아 주셔서 정말 감사해요.

요즘 삼촌은 어떻게 지내세요? 저랑 준우는 잘 있어요. 참, 삼촌께 전해 드릴 좋은 *소식도 있어요. 얼마 전에 열린 그림 대회에서 제가 은상을 받았거든요. 그림을 잘 그리는 아이들이 많아서 상을 탈 수 있을까 *조마조마했는데, 생각하지 못한 큰 상을 받아서 정말 기뻤어요.

(나) 그리고 아빠가 이번 여름 방학 때, 삼촌이 계신 곳에 한번 가보자고 하셨어요. 저랑 준우는 신나서 삼촌이 계신 곳을 지도로 찾아보기도 했어요. 삼촌, 보고 싶어요. 곧 삼촌을 만날 수 있다고 생각하니 여름 방학이 기다려져요.

그럼 다음에 뵐 때까지 몸 건강히 잘 지내세요. 제가 또 편지 보낼게요.

20☆☆년 6월 2일

준호 올림

* **작년**: 지금 지나가고 있는 해의 바로 전해.
* **이사**: 살던 곳을 떠나 다른 곳으로 옮김.
* **수족관**: 물속처럼 꾸며 놓고 물에 사는 동물들을 기르는 시설.
* **소식**: 멀리 떨어져 있는 사람의 사정이나 상황을 알리는 말이나 글.
* **조마조마했는데**: 앞으로 닥칠 일이 걱정되어 마음이 불안했는데.

내용 이해
1 이 편지는 누가 누구에게 보낸 편지인지 빈칸에 알맞은 낱말을 쓰세요.

☐☐ 가 ☐☐ 에게 보낸 편지이다.

내용 이해
2 이 글의 내용으로 알맞지 <u>않은</u> 것은 무엇인가요? (   )

① 글쓴이의 삼촌은 작년에 다른 지역으로 이사를 갔다.
② 글쓴이는 얼마 전에 열린 그림 대회에서 은상을 받았다.
③ 글쓴이는 아빠와 겨울 방학 때 삼촌이 계신 곳에 가기로 했다.
④ 글쓴이의 삼촌은 글쓴이를 데리고 수족관에 놀러 갔던 적이 있다.
⑤ 글쓴이는 삼촌이 이사 가면서 삼촌과 먼 곳에 살게 되어 속상했다.

구조 알기
3 이 글에서 편지의 형식 중 빠진 내용에 ○표 하세요.

받을 사람   첫인사   전하고 싶은 말   끝인사

추론하기
4 ㈎, ㈏에서 글쓴이가 전하려는 마음이 알맞게 짝 지어진 것은 무엇인가요? (   )

① ㈎: 기쁜 마음 ㈏: 고마운 마음
② ㈎: 미안한 마음 ㈏: 고마운 마음
③ ㈎: 고마운 마음 ㈏: 위로하는 마음
④ ㈎: 고마운 마음 ㈏: 보고 싶은 마음
⑤ ㈎: 속상한 마음 ㈏: 보고 싶은 마음

[5~6] 다음을 읽고 물음에 답하세요.

사랑하는 ㉠조카 준호에게

준호야, 안녕? 삼촌이야.

네가 보내 준 편지 잘 받았어. ㉡*우편함에 있는 편지를 보고 누가 보냈나 했는데, 편지 봉투에 적힌 네 이름을 보고 *함박웃음이 절로 났단다.

삼촌도 너와 준우가 많이 보고 싶어. 가까이 살 때에는 자주 볼 수 있었는데 지금은 그렇지 못하니까……. 그래도 좋은 소식이 있어. 그동안 회사 일이 눈코 뜰 새 없이 바빴는데 다음 주에 며칠 *휴가를 받았거든. 그때 너와 준우를 보러 갈 생각이란다.

그럼 삼촌 만날 때까지 몸 건강히 잘 지내렴.

20☆☆년 6월 12일

삼촌이

＊**우편함**: 우편물을 받으려고 대문 앞이나 건물 벽에 걸어 두는 상자.
＊**함박웃음**: 크고 환하게 웃는 웃음.
＊**휴가**: 직장에서 일정한 기간 동안 맡은 일을 멈추고 쉬는 것.

어휘 알기

5 ㉠의 뜻을 바르게 말한 친구에게 ○표 하세요.

 (1) 형제자매의 자식을 이르는 말이야.

 (2) 부모님의 남자 형제를 이르는 말이야.

추론하기

6 ㉡에서 알 수 있는 삼촌의 마음은 무엇인가요? (   )

① 슬픈 마음
② 서운한 마음
③ 실망스러운 마음
④ 당황스러운 마음
⑤ 반갑고 기쁜 마음

1 다음 뜻에 알맞은 낱말을 글자판에서 찾아 줄로 묶으세요. (가로, 세로, 대각선에 있어요.)

수	족	관	함
어	항	민	박
이	휴	코	웃
사	진	가	음

(1) 크고 환하게 웃는 웃음.

(2) 살던 곳을 떠나 다른 곳으로 옮김.

(3) 물속처럼 꾸며 놓고 물에 사는 동물들을 기르는 시설.

(4) 직장에서 일정한 기간 동안 맡은 일을 멈추고 쉬는 것.
　예 여름 ○○

2 (　) 안에 들어갈 알맞은 낱말을 보기에서 찾아 쓰세요.

보기　　억울하다　　창피하다　　홀가분하다　　조마조마하다

(1) 중요한 시험이 코앞이라 (　　　　　).

(2) 반 아이들 앞에서 방귀를 뀌어 (　　　　　).

(3) 어려운 숙제를 모조리 끝냈더니 (　　　　　).

(4) 잘못한 일도 없는데 꾸중을 들어서 (　　　　　).

오늘 학습은 어땠나요? ✓해 보세요.　　　쉬움 ☐　　보통 ☐　　어려움 ☐

설명문 주요 내용 알기

통화할 때 꼭 기억해요

'통화'란 전화로 말을 주고받는 것을 뜻합니다. 통화를 할 때에는 지켜야 할 예절이 있습니다.

상대에게 전화를 건 뒤에는 먼저 자신이 누구인지를 밝혀야 합니다. 그런 다음 전화를 받은 사람이 누구인지 확인하고 나서 *용건을 이야기합니다. 이야기를 ㉠마친 후에는 간단한 인사를 주고받은 다음 전화를 끊습니다. 만약 통화하는 사람이 웃어른이라면 어른이 먼저 전화를 끊으신 뒤에 전화를 끊습니다.

전화를 받을 때에는 전화를 건 사람이 누구인지 확인하고 인사를 건넵니다. 만약 잘못 걸린 전화를 받았을 때에는 *정중하게 "전화를 잘못 거셨습니다."라고 말합니다.

중요한 이야기를 전달받거나, 다른 사람에게 통화 내용을 전해 주어야 할 경우에는 *메모를 해 둡니다. 이때 받아 적은 중요한 내용이 맞는지 전화한 사람에게 다시 한번 확인을 합니다.

이 밖에도 *이른 시간이나 늦은 시간에는 급한 일이 아니면 전화를 걸지 않습니다. 또한 공공장소에서는 큰 소리로 통화하지 말아야 합니다.

어떻게 읽을까?
글쓴이가 알려 주는 통화할 때의 예절이 무엇인지 자세히 살피면서 읽어 봐.

* **용건**: 해야 할 일 또는 볼일.
* **정중하게**: 태도나 분위기가 점잖게.
* **메모**: 잊으면 안 되거나 남에게 전할 말을 간단하게 적은 글.
* **이른**: 기준이 되는 때보다 앞서거나 빠른.

내용 이해

1 이 글에서 설명하는 것이 무엇인지 빈칸에 들어갈 알맞은 낱말을 쓰세요.

통화할 때 지켜야 할 ☐☐

내용 이해

2 이 글의 내용으로 알맞으면 ○표, 알맞지 않으면 ✕표 하세요.

(1) 전화를 받았을 때에는 인사를 건네지 않아도 된다. （　　　）

(2) 이른 시간에는 급한 일이 아니면 전화를 걸지 않는다. （　　　）

(3) 통화하면서 중요한 이야기를 전달받을 때는 메모를 한다. （　　　）

(4) 잘못 걸린 전화를 받았을 경우에는 말없이 바로 전화를 끊는다. （　　　）

어휘 알기

3 ㉠과 반대되는 뜻의 낱말은 무엇인가요? （　　　　）

① 끊어진　　　② 정리한　　　③ 시작한　　　④ 승낙한　　　⑤ 앞당긴

문제 해결

4 통화 예절을 바르게 지킨 친구에게 ○표 하세요.

(1) （　　　　　）　　　(2) （　　　　　）　　　(3) （　　　　　）

[5~6] 다음을 읽고 물음에 답하세요.

식사 예절이란 식사를 할 때 지켜야 할 예절을 말합니다. 식사를 할 때에는 입 안에 있는 음식을 모두 삼킨 뒤 말을 해야 하며, 국물을 후루룩 마시는 소리나 그릇과 *수저가 부딪치는 소리가 나지 않도록 조심해야 합니다. 반찬을 뒤적이거나 *양념을 털며 먹지 않아야 합니다. 특히 우리나라에서는 밥그릇이나 국그릇을 손에 들고 먹는 것이 예의에 어긋나는 행동입니다.

어른과 식사를 할 때에는 어른이 먼저 수저를 드실 때까지 기다리는 것이 올바른 예절입니다. 또한 어른에게 물이나 음식을 드릴 때에는 두 손으로 드리고, 어른이 식사를 다 마치신 다음 자리에서 일어납니다.

＊ **수저**: 숟가락과 젓가락.
＊ **양념**: 간을 맞추거나 맛을 내려고 음식에 넣는 것.

5 이 글에 나타난 식사 예절로 알맞지 <u>않은</u> 것은 무엇인가요? (　　　　)

① 음식을 먹을 때 뒤적이지 않는다.
② 음식의 양념을 털며 먹지 않는다.
③ 밥그릇이나 국그릇을 손에 들고 먹는다.
④ 국물을 후루룩 마시는 소리를 내지 않는다.
⑤ 입 안에 있는 음식을 모두 삼킨 뒤에 말한다.

6 부모님과 식사할 때의 예절을 잘 지킨 친구의 이름을 쓰세요.

예준: 부모님께 한 손으로 음식을 건네 드렸어.
은찬: 부모님이 수저를 드시기 전에 먼저 수저를 집어 들었지.
하람: 부모님이 식사를 다 마치고 일어나신 다음 자리에서 일어났어.

(　　　　　　　　)

1 (　) 안에 들어갈 알맞은 낱말을 <u>보기</u>에서 찾아 쓰세요.

보기	수저	양념	용건

(1) 소금은 짠맛을 내는 (　　　　)이다.

(2) 통화를 할 때에는 (　　　　)을 간단하게 말해야 한다.

(3) 식사를 마친 뒤 그릇과 (　　　　)를 설거지통에 넣었다.

2 밑줄 친 낱말의 뜻을 <u>보기</u>에서 찾아 기호를 쓰세요.

> 보기　㉮ 어떤 마음을 품거나 다짐하다.
> 　　　㉯ 겁이나 충격 등을 느끼게 되다.
> 　　　㉰ 입을 통하여 음식을 배 속에 들여보내다.
> 　　　㉱ 공을 사용하는 운동 경기에서 점수를 잃다.

(1)

민호는 동생과 김밥을 <u>먹었다</u>.

(2)

선우는 큰 개를 보고 겁을 <u>먹었다</u>.

(3)

재하는 수영을 배우기로 마음을 <u>먹었다</u>.

(4)

축구를 하다 상대 팀에게 한 골을 <u>먹었다</u>.

동시 시 속 인물의 마음 상상하기

귤

유희윤

왼쪽에 한 개
오른쪽에 한 개

주머니에 귤 넣고
만지작만지작 학교에 가며

어떻게 읽을까?
시 속에서 말하는 이의 모습을 떠올려 보고 어떤 마음일지 상상하며 시를 읽어 봐.

룰룰루

귤은
작아도 여러 *쪽

*향기도 좋지만
칼이 없어도 나눌 수 있으니
얼마나 좋아

짝꿍과
앞뒷자리 친구를 생각하며
랄랄라

＊ **쪽**: 쪼개진 물건의 부분을 세는 단위.
＊ **향기**: 꽃이나 과일 등에서 나는 좋은 냄새.

1 이 시의 글감은 무엇인지 찾아 쓰세요.

(   )

2 이 시의 내용으로 알맞으면 ○표, 알맞지 <u>않으면</u> ×표 하세요.

(1) 말하는 이는 주머니에 귤을 넣고 집으로 가고 있다.   (   )

(2) 말하는 이는 짝꿍과 앞뒷자리 친구를 생각하고 있다.   (   )

(3) 말하는 이는 귤이 칼이 없어도 나눌 수 있어 좋다고 생각한다.   (   )

3 이 시에 나타난 말하는 이의 마음으로 알맞은 것은 무엇일까요? (   )

① 귀찮은 마음   ② 고마운 마음   ③ 즐거운 마음

④ 안타까운 마음   ⑤ 질투하는 마음

4 말하는 이와 비슷한 경험을 말한 친구에게 ○표 하세요.

(1) 할아버지 댁에 가서 귤 따는 일을 도와드린 적이 있어.

(2) 새로운 짝꿍을 만나 어색해하다가 금세 친해진 적이 있어.

(3) 엄마가 만드신 쿠키를 반 아이들과 나누어 먹으려고 학교에 가져간 적이 있어.

[5~6] 다음을 읽고 물음에 답하세요.

친구 생각

김일연

등나무에 기대서서
신발코로 모래 *파다가

텅 빈 운동장으로
힘 빠진 공을 차 본다.

내 짝꿍 왕방울눈 *울보가
오늘
*전학을 갔다.

＊ **파다가**: 구멍이나 구덩이를 만들다가.
＊ **울보**: 걸핏하면 우는 아이.
＊ **전학**: 학생이 다니던 학교에서 다른 학교로 옮겨 가는 것.

내용 이해

5 이 시에서 알 수 있는 짝꿍의 특징을 모두 고르세요. (   )

① 잘 운다.　　　② 키카 크다.　　　③ 눈이 크다.

④ 힘이 약하다.　　⑤ 공을 잘 찬다.

 추론하기

6 이 시에 나타난 '나'의 마음으로 알맞은 것은 무엇일까요? (   )

① 두렵고 무서운 마음　　　② 슬프고 허전한 마음

③ 기대되고 행복한 마음　　　④ 미안하고 부끄러운 마음

⑤ 놀라고 당황스러운 마음

1 다음 뜻에 알맞은 낱말을 색칠해서 어떤 모양이 나타나는지 빈칸에 쓰세요. (낱말은 가로, 세로에 쓰여 있어요.)

전	달	어	모	떡
학	생	머	래	가
운	동	장	향	루
공	놀	이	기	운
울	보	파	다	리

• 나타나는 모양은? [   ]

낱말 열쇠

(1) 걸핏하면 우는 아이.
　　예 내 동생은 어릴 때 걸핏하면 울어서 사람들이 ○○라고 했다.

(2) 구멍이나 구덩이를 만들다. 예 땅을 ○○.

(3) 자연히 잘게 부스러진 돌 부스러기.
　　예 바닷가 ○○사장에서 조개껍데기를 주웠다.

(4) 꽃이나 과일 등에서 나는 좋은 냄새. 예 꽃 ○○가 좋다.

(5) 학생이 다니던 학교에서 다른 학교로 옮겨 가는 것.

(6) 가죽이나 고무 등으로 던지거나 차거나 굴릴 수 있게 만든 동그란 물건.
　　예 축구○, 야구○, 농구○.

(7) 운동 경기, 놀이 등을 할 수 있도록 여러 가지 기구나 시설을 갖춘 넓은 마당.

오늘 학습은 어땠나요? ✓해 보세요.　　쉬움 ☐　　보통 ☐　　어려움 ☐

논설문 글쓴이의 의견과 까닭 알기

우리는 생활하면서 부모님이나 선생님, 친구들과 약속을 합니다. 그런데 가끔 지키기 어렵거나 귀찮다는 이유로 약속을 어기는 경우가 있습니다. 하지만 한번 한 약속은 잘 지켜야 한다고 생각합니다.

약속을 지키지 않으면 다른 사람이 *피해를 입기 때문입니다. 만약 음식점에 *예약을 해 놓고 가지 않으면 어떻게 될까요? 음식을 모두 준비해 두었는데 손님이 오지 않는다면, 음식점 주인은 준비한 음식이나 재료를 버려야 하는 *막대한 피해를 입습니다. 이뿐만이 아닙니다. 예약한 손님을 위해 다른 손님을 받지 않았으므로 그만큼의 *경제적 손해도 입게 됩니다. 약속을 지키지 않으면 결국 누군가가 ⓒ고스란히 피해를 떠안게 됩니다.

또한 약속을 지키지 않으면 사람들이 나를 *신뢰하지 않게 됩니다. 만약 친구에게 책을 빌려 보고 열흘 뒤에 돌려주기로 했는데, 약속을 지키지 않으면 어떻게 될까요? 그 친구는 다시는 내게 책을 빌려주려고 하지 않을 것입니다. 약속을 어기는 사람은 신뢰할 수 없기 때문입니다.

이처럼 약속을 지키지 않으면 다른 사람에게 피해를 주고 나 자신에게도 해가 됩니다. 신뢰할 수 없는 사람과는 아무도 약속을 맺으려고 하지 않기 때문입니다. 따라서 약속을 하면 반드시 지키도록 노력해야 합니다.

어떻게 읽을까?
글쓴이가 내세우는 의견과 그 의견을 뒷받침하는 까닭을 찾으면서 읽어 봐.

＊**피해**: 신체, 재산, 명예 등의 손해를 입는 일.
＊**예약**: 어떤 일을 미리 약속해 두는 것.
＊**막대한**: 더할 수 없을 만큼 많거나 큰.
＊**경제적**: 돈이나 재산에 관한 것.
＊**신뢰하지**: 굳게 믿고 의지하지.

내용 이해

1 ㉠에 들어갈 글쓴이의 의견으로 알맞은 것은 무엇인가요? (　　　)

① 반드시 지킬 수 있는 약속만 하자

② 중요한 약속만 잘 지키도록 노력하자

③ 약속을 하면 반드시 지키도록 노력하자

④ 가능하면 다른 사람과 약속을 하지 말자

⑤ 약속을 어기는 사람과는 가까이하지 말자

구조 알기

2 다음은 글쓴이의 의견에 대한 까닭이에요. 빈칸에 들어갈 알맞은 낱말을 쓰세요.

> 약속을 지키지 않으면 다른 사람이 ☐☐를 입게 되고 사람들이 나를 ☐☐하지 않게 된다.

어휘 알기

3 ㉡의 뜻으로 알맞은 것에 ○표 하세요.

아무 소리도 들리지 않게.	틈이나 간격이 매우 좁거나 작게.	조금도 줄거나 바뀐 것 없이 그대로.
(1) (　　　)	(2) (　　　)	(3) (　　　)

비판하기

4 글쓴이의 의견에 대해 알맞게 말한 친구의 이름을 쓰세요.

> 하윤: 글쓴이의 의견이 옳지 않다고 생각해. 친한 친구끼리는 약속을 지키지 않아도 이해해 줄 거야.
>
> 예준: 글쓴이의 의견이 옳다고 생각해. 학원에 함께 가기로 약속한 친구가 제시간에 오지 않아서 한참 기다리다가 지각을 한 적이 있어.

(　　　　　)

[5~6] 다음을 읽고 물음에 답하세요.

* **질서**: 많은 사람들이 모인 곳에서 혼란스럽지 않도록 지키는 순서나 차례.
* **편리해집니다**: 편하고 이로우며 이용하기 쉬워집니다.

5 다음은 광고에 나타난 의견과 까닭을 간추린 것이에요. 빈칸에 들어갈 알맞은 낱말을 쓰세요.

의견	우리 모두를 위한 약속인 ☐☐ 를 지키자.

의견에 대한 까닭	• 질서를 지키면 더 ☐☐ 하다. • 질서를 지키면 더 빠르고 ☐☐ 해진다.

문제 해결

6 이 광고를 보고 알맞게 행동한 것에 ○표 하세요.

(1) 버스 정류장에서 줄을 선 다음 차례를 지켜 올라탔다. ( )

(2) 문구점에서 줄을 선 사람들을 제치고 계산대 앞으로 갔다. ( )

(3) 엘리베이터 문이 열리자마자 사람들이 내리기 전에 올라탔다. ( )

1 빈칸에 들어갈 알맞은 낱말을 글자 카드로 만들어 쓰세요.

해　서　예　질　피　약

(1) ☐☐ : 어떤 일을 미리 약속해 두는 것.

(2) ☐☐ : 신체, 재산, 명예 등의 손해를 입는 일.

(3) ☐☐ : 많은 사람들이 모인 곳에서 혼란스럽지 않도록 지키는 순서나 차례.

2 ( ) 안에 들어갈 알맞은 낱말을 보기에서 찾아 쓰세요.

보기　모레　나흘　엿새　글피　보름　아흐레

설명문 생략된 내용 짐작하기

서로 돕는 두레와 품앗이

옛날에는 서로서로 힘을 모아 해야 하는 일이 많았어요. 사람들이 대부분 논이나 밭에서 농사를 지으며 살았거든요. 농사일은 무척 힘든 일이어서 여러 사람의 도움이 필요했어요. ㉠또, 지금과는 달리 농사를 지을 때 기계의 힘을 빌릴 수도 없었지요. 그래서 우리 조상들은 마을마다 '두레'라는 모임을 만들었어요.

어떻게 읽을까?
글에 드러나지 않은 내용을 짐작하며 읽어 봐.

두레란 바쁜 농사일이나 마을에 큰일이 있을 때, 마을 사람들이 내 일처럼 함께 일을 했던 모임이에요. *모를 심는 모내기, 논밭의 *잡초를 뽑는 김매기, 벼 베기에도 두레가 큰 도움이 되었어요. 여럿이 일을 하니 시간이 오래 걸리는 일도 금세 해치울 수 있었답니다.

또한 우리 조상들은 '품앗이'라는 것도 했어요. 품앗이란 다른 사람이 내 일을 거들어 주면, 다음에 나도 그 사람의 일을 도와주는 것을 뜻해요. 서로 *일손을 주고받으며 돕는 것이지요. 예를 들어 내가 밭일을 할 때 옆집에서 도와주면, 다음번에 옆집이 밭일을 할 때 내가 거들어 주는 것이 품앗이랍니다. 옛날에는 농사일뿐 아니라 집을 짓거나 김장을 담그는 일, *퇴비를 만드는 일을 할 때에도 품앗이를 했어요.

두레가 마을을 중심으로 다 함께 힘을 모아 일하는 것이라면, 품앗이는 사람들끼리 일손을 주고받는다는 점에서 차이가 있어요. 그러나 두레와 품앗이 모두 이웃을 돕고 힘을 모아 어려운 일을 해 나가던 우리나라의 아름다운 *풍습이라는 점은 같답니다.

＊모: 논에 옮겨 심기 위해 기른 벼의 싹.
＊잡초: 가꾸지 않아도 저절로 나서 자라는 여러 가지 풀.
＊일손: 일을 하는 사람.
＊퇴비: 풀, 짚 또는 가축의 똥과 오줌 등을 썩힌 거름.
＊풍습: 옛날부터 한 사회에 이어져 내려오는 생활 습관과 오랫동안 되풀이해서 저절로 익혀진 행동 방식.

내용 이해

1 이 글의 내용으로 알맞지 <u>않은</u> 것은 무엇인가요? (   )

① 우리 조상들은 농사짓는 일을 할 때에만 품앗이를 했다.

② 품앗이는 서로 일손을 주고받으며 도와주는 것을 말한다.

③ 두레는 모내기나 김매기, 벼 베기를 할 때 큰 도움이 되었다.

④ 품앗이는 사람들끼리 일손을 주고받았다는 점에서 두레와 차이가 있다.

⑤ 두레는 마을에 큰일이 있을 때에 마을 사람들이 함께 일을 했던 모임이다.

추론하기

2 ㉠에서 짐작할 수 있는 내용에 ○표 하세요.

(1) 옛날 사람들은 농사를 짓는 법을 잘 몰랐다.   (   )

(2) 옛날에는 일일이 사람의 손으로 농사를 지어야 했다.   (   )

(3) 옛날에는 수확하는 곡식의 양이 지금보다 훨씬 많았다.   (   )

내용 이해

3 다음 일이 두레에 해당하면 '두', 품앗이에 해당하면 '품'이라고 쓰세요.

(1) 옆집과 번갈아서 김장을 하는 일   [   ]

(2) 마을에서 가장 큰 논에 모내기를 하는 일   [   ]

(3) 마을 냇가에 둑이 무너져서 다시 쌓는 일   [   ]

어휘 알기

4 뜻이 반대되는 낱말끼리 짝 지어지지 <u>않은</u> 것은 무엇인가요? (   )

① 베다 – 심다   ② 쉬다 – 일하다   ③ 같다 – 다르다

④ 짓다 – 허물다   ⑤ 거들다 – 도와주다

[5~6] 다음을 읽고 물음에 답하세요.

○○시에서는 *재능 품앗이에 참가할 회원을 *모집합니다. ㉠재능 품앗이란 자신이 가진 재능을 다른 사람에게 전해 주고 다른 사람의 재능을 전해 받는 것을 뜻합니다. 예를 들면 요리를 잘하는 사람은 요리를 알려 주고, 컴퓨터를 잘 다루는 사람으로부터 컴퓨터를 배우는 것이 바로 재능 품앗이입니다.

주고받을 수 있는 재능으로는 *코딩, 역사 인물 공부, 뜨개질, 줄넘기, 동영상 ㉡편집, 붓글씨 등 다양합니다. 재능 품앗이에 참여하고 싶거나 궁금한 점이 있는 분들은 아래 연락처로 *문의해 주시기 바랍니다.

문의 전화: △△△-☆☆☆-□□□□

＊**재능**: 어떤 일을 하는 데 필요한 재주와 능력.
＊**모집합니다**: 어떤 일에 필요한 사람을 모읍니다.
＊**코딩**: 컴퓨터에서 사용하는 프로그램을 만드는 일.
＊**문의해**: 궁금한 것을 물어서 의논해.

5 ㉠에서 짐작할 수 <u>없는</u> 내용에 ○표 하세요.

(1) 재능 품앗이로 자신의 재능을 다른 사람과 나눌 수 있다. (   )

(2) 재능 품앗이로 돈을 내지 않고 원하는 것을 배울 수 있다. (   )

(3) 재능 품앗이로 자신의 재능을 다른 사람에게 전하면 돈을 받을 수 있다.

(   )

6 ㉡의 뜻을 바르게 말한 친구에게 ○표 하세요.

 (1) 사람이나 물건, 풍경 등을 사진이나 영화로 찍는 일이야.

 (2) 영상의 일부를 잘라 내거나 연결해서 하나의 작품으로 완성하는 일이야.

1 ( ) 안에 들어갈 알맞은 낱말을 보기 에서 찾아 쓰세요.

보기   퇴비   일손   잡초

(1)

아버지께서는 (   )이 부족한
과수원에 봉사하러 가셨다.

(2)

밭에 (   )를 골고루 뿌렸더니
호박이 주렁주렁 열렸다.

2 보기 를 보고 어떤 낱말을 합해서 만든 낱말인지 빈칸에 알맞은 낱말을 쓰세요.

보기

붓글씨 ➡ 붓 + 글씨

(1)

봄비 ➡ ☐ + ☐

(2)

돌다리 ➡ ☐ + ☐ ☐

(3)

고무신 ➡ ☐ ☐ + ☐

생활문 글쓴이의 생각이나 느낌 찾기

눈이 내린 날

일요일 아침, 잠에서 깨어 창밖을 내다보니 세상이 온통 하얗게 바뀌어 있었다. 밤새 함박눈이 펑펑 내려서 마당의 나무와 흙을 모두 덮었다. 눈이 *소복이 쌓인 마당은 눈의 나라처럼 보였다.

창밖을 이리저리 살펴보던 나는 깜짝 놀랐다. 방에서 주무시고 계신 줄 알았던 아빠가 밖에서 눈을 쓸고 계셨기 때문이다. 나는 두꺼운 옷을 챙겨 입고 장갑을 낀 뒤 아빠를 도와 눈을 쓸기 시작했다. 처음에는 힘들었지만 차츰 *비질이 ㉠손에 익으니 괜찮아졌다. 열심히 눈을 쓸고 나니 길도 제법 다닐 만하게 되었다.

"서준아, 이제 들어갈까?"

나는 아빠를 따라 집으로 걸음을 옮겼다. 그런데 길 한쪽에 쓸어 놓은 눈을 보니 문득 눈사람을 만들고 싶다는 생각이 들었다.

"아빠, 우리 눈사람 만들어요!"

"오, 그럴까?"

아빠와 나는 손으로 눈을 뭉쳐 집 앞에 자그마한 눈사람을 만들었다. 그러고는 집으로 막 들어서는데 뒤에서 어떤 할머니의 목소리가 들렸다.

"아유, 눈 때문에 미끄러워 어떻게 다니나 걱정했는데. 누가 아침부터 큰길까지 다 쓸어 놨네. 고맙기도 해라."

가슴이 *뿌듯해지며 슬며시 웃음이 나왔다. 다음에도 눈이 쌓이면 아빠와 함께 길을 쓸어야겠다.

어떻게 읽을까?
글쓴이가 겪은 일을 살펴보고 그 일에 대한 생각이나 느낌을 함께 찾으면서 읽어 봐.

* **소복이**: 쌓이거나 담긴 물건이 볼록하게 많이.
* **비질**: 빗자루로 바닥 등을 쓰는 일.
* **뿌듯해지며**: 기쁨이 마음에 가득해지며.

1 이 글의 내용으로 알맞지 <u>않은</u> 것은 무엇인가요? (   )

① '내'가 창밖을 내다보니 밤새 내린 눈이 쌓여 있었다.

② '나'는 아빠와 함께 눈이 소복이 쌓인 동네를 산책했다.

③ '나'와 아빠는 눈을 쓸고 난 뒤 작은 눈사람을 만들었다.

④ '나'는 두꺼운 옷을 챙겨 입고 아빠를 도와 눈을 쓸었다.

⑤ '나'와 아빠가 길을 쓸어 놓은 것을 본 할머니의 칭찬을 들었다.

2 ㉠의 뜻으로 알맞은 것에 ○표 하세요.

계속 하던 동작을 잠깐 그만두다.	지금까지 하고 있던 일에서 빠져나오다.	여러 번 반복해 일이 손에 익숙해지다.
(1) ( )	(2) ( )	(3) ( )

3 다음은 이 글에 나타난 '나'의 생각이나 느낌이에요. 빈칸에 들어갈 알맞은 낱말을 찾아 쓰세요.

> 가슴이 (   ) 슬며시 웃음이 나왔다. 다음에도 눈이 쌓이면 아빠와 함께 (   )을 쓸어야겠다.

4 '나'와 비슷한 경험을 말한 친구에게 ○표 하세요.

(1) 사람들이 걸려 넘어질까 봐 길 한가운데에 있는 돌멩이를 치운 적이 있어.

(2) 한겨울에 주머니에 손을 넣고 걷다가 눈 쌓인 길에서 미끄러져 넘어진 적이 있어.

두고 온 가방

수업이 끝난 뒤 친구들과 운동장에서 축구를 했다. 신나게 놀고 시우와 함께 집으로 가는데 기분이 이상했다. *곰곰이 생각하던 나는 ⬚ ㉠ ⬚. 축구를 하느라 벗어 놓은 가방을 운동장 벤치에 두고 왔기 때문이다.

"빨리 다시 가 보자!"

시우는 가방을 두고 왔다는 내 말에 뒤돌아 달리기 시작했다. 나도 조마조마 *가슴을 태우며 학교로 뛰어갔다. 벤치 위에는 가방이 그대로 놓여 있었다. 가방을 찾아 정말 *다행이었다. 앞으로는 가방을 두고 오는 일이 없도록 조심해야겠다.

＊ **곰곰이**: 여러모로 깊이 생각하는 모양.
＊ **가슴을 태우며**: 속이 탈 정도로 매우 걱정하며.
＊ **다행이었다**: 뜻밖에 일이 잘되어 운이 좋았다.

추론하기

5 ㉠에 들어갈 알맞은 말은 무엇인가요? (　　　)

① 억울했다　　　② 몹시 서운했다　　　③ 시원섭섭했다

④ 가슴이 철렁했다　　　⑤ 가슴이 뭉클했다

내용 이해

6 이 글에 나타난 글쓴이의 생각이나 느낌을 모두 고르세요. (　　　)

① 가방을 잃어버려 안타깝다.

② 가방을 찾아 정말 다행이었다.

③ 앞으로는 가방을 두고 오는 일이 없도록 조심해야겠다.

④ 앞으로 축구를 할 때에는 가방을 벤치에 두지 말아야겠다.

⑤ 친구 시우가 가방을 찾으러 학교까지 함께 와 주어서 고마웠다.

1 길을 따라가며 빈칸에 알맞은 낱말을 보기 에서 찾아 쓰세요.

보기   발   손   귀   입   머리   가슴

출발

(1) ☐ 이 넓다
여러 사람과 사귀어 아는 사람이 많다.

(2) ☐☐ 을 태우다
속이 탈 정도로 매우 걱정하다.

(3) ☐ 이 크다
씀씀이가 후하고 크다.

(4) ☐☐ 를 식히다
긴장을 풀고 마음을 차분하게 하다.

(5) ☐ 가 얇다
남의 말을 쉽게 받아들인다.

(6) ☐ 이 짧다
음식을 심하게 가리거나 적게 먹다.

도착

전래 동화 이야기 속 인물의 의견 알기

슬기로운 재판

어느 마을에 가난한 농부가 살았어. 겨울이 되어 *일거리마저 없어지자 농부는 형편이 더욱 어려워졌지.

'곧 설인데, 설을 지낼 돈 한 푼 없으니 큰일이군.'

농부는 생각 끝에 족제비를 잡아다 팔아 돈을 마련하기로 했어. 그길로 집을 나선 농부는 족제비가 있을 만한 굴을 찾아다녔지. 마침내 돌 틈에서 족제비 굴을 발견하고 파헤치자, 짐승 하나가 뛰쳐나왔어.

"족제비가 아니라 수달이잖아!"

농부는 얼른 수달을 뒤쫓았어. 수달 가죽은 값을 많이 쳐줬거든. 수달이 마을로 달아나자 농부도 수달을 쫓아갔어. 그런데 농부가 막 수달을 잡으려는 순간, 개가 나타나 수달을 물고 큰 기와집으로 쏙 들어갔어.

㉠"이게 웬 수달이냐? 아이고, *기특한 것!"

농부가 개를 따라 들어가자 개 주인은 개를 쓰다듬으며 웃고 있었어.

"그 수달은 내가 여기까지 몰고 온 것이니 돌려주세요."

농부의 말에 개 주인은 물러서지 않고 얘기했어.

"무슨 소리요? 내 개가 이 수달을 물고 왔으니, 수달은 내 것이지!"

농부와 개 주인은 서로 수달이 자기 것이라고 했어. 둘은 *옥신각신한 끝에 *원님에게 가서 *판결을 받기로 했단다.

* 일거리: 일해서 돈을 벌 수 있는 거리.
* 기특한: 말이나 행동이 놀라우면서 자랑스럽고 귀여운.
* 옥신각신한: 서로 옳으니 그르니 하며 다툼.
* 원님: 고려, 조선 시대에 고을을 맡아 다스리던 사람인 '원'을 높여 이르던 말.
* 판결: 옳고 그름을 판단하여 결정함.

어떻게 읽을까?
이야기에 나오는 농부와 개 주인의 의견이 각각 무엇인지 살피면서 읽어 봐.

내용 이해

1 이 글의 내용으로 알맞으면 ○표, 알맞지 <u>않으면</u> ✕표 하세요.

(1) 농부가 돌 틈에 있는 굴을 파헤치자 수달이 뛰쳐나왔다. 　　(　　)

(2) 수달이 농부를 피해 마을로 달아나자 농부는 수달을 쫓아갔다. 　(　　)

(3) 농부가 수달을 잡으려는 순간, 개가 수달을 물고 큰 기와집에 들어갔다.

　　　　　　　　　　　　　　　　　　　　　　　　　　　(　　)

(4) 농부와 개 주인은 옥신각신하다가 마을 사람들에게 판결을 받기로 했다.

　　　　　　　　　　　　　　　　　　　　　　　　　　　(　　)

추론하기

2 ㉠을 실감 나게 읽을 때 어울리는 목소리는 무엇인가요? (　　　)

① 두렵고 슬픈 목소리　　　　　② 기쁘고 신난 목소리

③ 다급하고 화난 목소리　　　　④ 부끄럽고 어색해하는 목소리

⑤ 곤란하고 귀찮아하는 목소리

내용 이해

3 이 글에 나타난 농부와 개 주인의 의견을 선으로 이으세요.

(1)　　농부　　●　　　　　　●　㉮　내 개가 수달을 물고 왔으므로 수달은 내 것이다.

(2)　개 주인　　●　　　　　●　㉯　내가 굴을 파헤쳐서 몰고 왔으므로 수달은 내 것이다.

비판하기

4 농부와 개 주인 중 누구의 의견이 옳다고 생각하는지 그 까닭과 함께 쓰세요.

나는 (　　　　　)의 의견이 옳다고 생각해. 왜냐하면 _____

_____ 때문이야.

> 농부와 개 주인에게 *사정을 들은 원님은 이렇게 말했어.
> "농부는 굴을 파헤쳐 수달을 몰았고, 개는 수달을 잡았으니 두 사람이 수달을 반으로 나누어 가지도록 해라."
> 농부와 개 주인은 판결을 받아들일 수 없다고 했어. 구경하던 사람들도 *수군거렸지. 그때, 한 아이가 나서며 자기가 판결을 내려 보겠다고 했어.
> "농부는 수달의 가죽 때문에 수달을 잡으려고 했고, 개는 수달의 고기를 먹으려고 수달을 잡았습니다. 그러니 가죽은 농부에게 주고, 고기는 개에게 주면 됩니다."
> 원님은 아이의 슬기로운 판결에 깜짝 놀랐어. 원님은 아이의 판결에 따르기로 했고, 농부는 무사히 수달 가죽을 얻어 집으로 돌아갔단다.

＊ **사정**: 일의 형편이나 까닭.
＊ **수군거렸지**: 다른 사람이 알아듣지 못하게 낮은 목소리로 자꾸 이야기했지.

5 다음은 누구의 의견과 까닭인지 알맞은 인물에게 ○표 하세요.

> 의견: 가죽은 농부에게, 고기는 개에게 주면 된다.
> 까닭: 농부는 수달의 가죽 때문에, 개는 수달의 고기를 먹으려고 수달을 잡았기 때문이다.

(원님 / 농부 / 아이 / 개 주인)

6 이 글에 대한 생각이나 느낌을 알맞게 말한 친구에게 ○표 하세요.

 (1) 스스로 나서서 판결을 내린 아이는 참 당찬 성격이야.

 (2) 아이의 말을 듣고 무조건 따르다니 원님은 지혜롭지 못해.

1 낱말 뜻에 알맞은 글자를 빈칸에 쓰세요.

(1) ☐ 정	일의 형편이나 까닭.
(2) ☐☐ 하다	말이나 행동이 놀라우면서 자랑스럽고 귀엽다.
(3) ☐☐ 거리다	다른 사람이 알아듣지 못하게 낮은 목소리로 자꾸 이야기하다.

2 밑줄 친 낱말과 바꾸어 쓸 수 있는 낱말을 **보기**에서 찾아 쓰세요.

> **보기**   장만했다   도망갔다   지혜로웠다   어루만졌다

(1) 도둑은 경찰을 보자마자 재빨리 담을 넘어 <u>달아났다</u>.

➡ (   )

(2) 예준이는 친구의 강아지를 품에 안고 조심히 <u>쓰다듬었다</u>.

➡ (   )

(3) 지혜는 매달 용돈을 조금씩 모아 엄마께 드릴 선물을 <u>마련했다</u>.

➡ (   )

(4) 음식을 오래 보관하는 데에 솔잎을 이용한 우리 조상들은 <u>슬기로웠다</u>.

➡ (   )

오늘 학습은 어땠나요? ☑해 보세요.   쉬움☐   보통☐   어려움☐

〈대단한 독해〉 한 권 끝!

공부하느라 수고했어요. 어떻게 공부했는지
스스로 돌아보며 ✔표 해 보세요.

	예	아니요
한 회씩 꾸준히 공부했나요?	예 ☐	아니요 ☐
스스로 공부했나요?	예 ☐	아니요 ☐
문제를 끝까지 다 풀었나요?	예 ☐	아니요 ☐
재미있게 공부했나요?	예 ☐	아니요 ☐
틀린 문제는 왜 틀렸는지 한 번 더 확인했나요?	예 ☐	아니요 ☐

1회   9~11쪽

1 ⑤   **2** (1) ○ (2) × (3) × (4) ○   **3** ①, ④

4 (2) ○   **5** ④   **6** (3) ○

☆**어휘력 팡팡** 1

1 이 글에는 승훈이의 생김새와 성격, 잘하는 것과 좋아하는 것, 장래 희망이 드러나 있습니다.

2 (2) 승훈이는 그림 대회가 아닌 백일장에서 상을 탔습니다. (3) 승훈이의 장래 희망은 멋진 태권도 선수가 되는 것입니다.

3 '항상'은 언제나 변함없이라는 뜻을 가지고 있습니다. 따라서 '항상'과 바꾸어 쓸 수 있는 낱말은 '늘', '언제나'입니다.

4 글쓴이는 짝꿍을 소개하는 글을 썼습니다. 이와 비슷한 경험을 말한 친구는 부모님께 새로 알게 된 친구를 소개한 (2)입니다.

5 미나가 좋아하는 것은 책 읽기와 박물관 견학하기입니다.

6 미나는 눈이 크고 머리가 길다고 했습니다. 이 내용으로 미루어 ㉠에 들어갈 알맞은 그림은 (3)입니다.

☆**어휘력 팡팡**

1 짝 지어진 낱말의 뜻이 반대되는 것에 선을 그어 가며 길을 찾습니다.

2회   13~15쪽

1 ②, ③, ⑤   **2** (3) ○   **3** (3) ○   **4** 윤서

5 진공청소기   **6** 재민

☆**어휘력 팡팡** **1** (1) 기세 (2) 새순 (3) 부스러기

(4) 떡고물   **2** (1) 텔레비전 (2) 주스 (3) 초콜릿

(4) 슈퍼마켓

1 말하는 이는 1, 3, 5연에서 비 온 뒤 '달팽이 나왔다', '지렁이 나왔다', '아이들이 나왔다'라고 표현한 것입니다.

2 ㉠은 지렁이에 묻은 흙을 떡고물에 빗대어 지렁이가 온몸에 흙을 묻히고 나온 모습을 생생하게 표현한 부분입니다.

3 말하는 이는 아이들이 '두 손에/하늘의 무지개/번쩍! 들고 나왔다'고 했습니다. 따라서 이 시를 읽으면 아이들 뒤로 무지개가 떠 있는 모습을 상상할 수 있습니다.

4 이 시에는 윤서가 말한 아이들이 지렁이와 흙장난하는 모습은 나타나지 않았습니다. 비 온 뒤 달팽이와 지렁이, 아이들이 밖으로 나온 모습만 드러나 있습니다.

5 이 시는 텔레비전을 보는 '나'가 청소기 소리에 방해받은 일을 쓴 시입니다. 따라서 이 시의 글감으로 알맞은 것은 진공청소기입니다.

6 ㉠은 진공청소기가 돌아가면서 머리카락과 과자 부스러기를 빨아들이는 소리와 모양을 귀에 들리듯이 생생하게 표현한 것입니다.

☆**어휘력 팡팡**

2 (1) 텔레비전, (2) 주스, (3) 초콜릿, (4) 슈퍼마켓이 맞춤법에 올바른 표현입니다.

1 시장과 하멜른 사람들이 고민하고 있을 때 낯선 사나이가 스스로 나타났습니다.

2 한 일의 차례는 ④ 사나이가 길을 걸으며 피리를 불자→⑥ 쥐들이 몰려나와 사나이의 뒤를 따랐고→⑥ 사나이가 피리를 불며 강물로 들어가자→② 뒤따르던 쥐들도 강물로 풍덩 뛰어들었다는 것입니다.

3 '댓가'는 받침 'ㅅ' 없이 '대가'라고 씁니다.

4 하멜른 사람들은 쥐들에게 시달려 괴롭고 힘들었기 때문에 쥐가 모두 사라졌을 때 기쁘고 후련한 마음이었을 것입니다.

5 ㉠은 하멜른 시장과 사람들이 약속한 돈을 줄 수 없다고 하자 사나이가 한 말입니다. 사나이는 분하고 억울한 마음이 들어 이렇게 말했을 것입니다.

6 사나이는 약속한 금화를 받으려고 했으므로, (3)은 이야기의 내용을 바르게 이해하지 못했습니다. 또, ㉠의 말로 보아 마음이 넓다고 볼 수 없습니다.

★ **어휘력 팡팡**

2 (1) '훨훨'은 날짐승이 높이 떠서 느릿느릿 날개를 치며 매우 시원스럽게 나는 모양을 뜻합니다. (2) '차곡차곡'은 물건을 가지런히 겹쳐 쌓거나 포개는 모양을 뜻합니다. (3) '오손도손'은 정답게 이야기하거나 의좋게 지내는 모양을 나타냅니다.

1 글쓴이는 자신의 또래로 보이는 아이가 할머니께 반말을 해서 놀랐다고 했습니다.

2 '존경하다'는 어떤 사람을 우러르고 받들다 라는 뜻입니다. 이와 반대되는 뜻의 낱말은 '얕보다', '무시하다'입니다.

3 글쓴이는 '웃어른께 높임말을 쓰자.'는 의견을 내세우며 두 가지 까닭을 들고 있습니다. 그 까닭은 높임말이 지켜야 할 언어 예절이라는 것과 높임말을 사용하는 것이 웃어른을 존경하는 마음을 표현하는 가장 좋은 방법이라는 것입니다.

4 ②, ④, ②를 바르게 고치면 ② '할머니, 진지 잡수세요.' ④ '오늘은 우리 아빠 생신이야.' ② '어버이날이니 부모님께 선물을 드려야지.'입니다.

5 광고의 글과 그림에서 웃어른께 인사할 때에는 존중하는 마음을 담아 공손히 인사하자는 의견이 드러나 있습니다.

6 주머니에서 손을 넣은 채 웃어른께 인사하는 것은 예절에 어긋나는 행동입니다.

★ **어휘력 팡팡**

2 '이름'은 '성함', '나이'는 '연세', '있다'는 '계시다'로 높임을 표현합니다. 또, '물어보다'는 '여쭈어보다', '아프다'는 '편찮으시다'와 같은 높임 표현을 씁니다.

5회   25~27쪽

1 (2) ○ **2** ⑤ **3** (1) ○ (2) ○ (3) ○ (4) ✕
4 ② **5** (2) ○ **6** 양보 **7** (1) ✕ (2) ○ (3) ○

☆ **어휘력 땅땅** **1** (1) 절 (2) 곡 (3) 과 (4) 동
(5) 신 (6) 채 (7) 학 (8) 교통

1 이 글은 자신이 읽은 책을 친구에게 소개하는 편지 형식의 독서 감상문입니다.

2 글쓴이가 책을 읽게 된 까닭은 첫 문단에 드러나 있습니다. 책 제목을 보고 궁금해서『의좋은 형제』라는 책을 읽게 되었다고 했습니다.

3 (4)는 글쓴이가 읽은 책과 다른 내용입니다. 형제는 서로의 집에 몰래 볏섬을 놓고 오려다 길에서 마주치고, 그제야 볏섬이 줄지 않은 까닭을 알게 되었습니다.

4 글쓴이는 책 내용이 무척 따뜻하고 감동적이라며 꼭 한번 읽어 보라고 했습니다.

5 '동생'과 '아우'는 비슷한말끼리 짝 지어진 것입니다. '책'과 '도서'는 글이나 그림 등을 인쇄하여 묶어 놓은 것을 뜻하는 비슷한말입니다.

6 글쓴이는 이 책을 읽고 앞으로는 좋은 것이 있으면 동생에게 양보하고 사이좋게 지내야겠다고 마음먹었습니다. 그리고 친구에게 이 책을 소개해야겠다고 생각했습니다.

7 독서 감상문에서 자신의 생각이나 느낌은 되도록 짧게 쓰는 것이 아니라 자세하게 써야 합니다.

☆ **어휘력 땅땅**

1 주어진 낱말들을 포함하는 낱말을 생각하며 구슬에서 글자를 찾아 씁니다.

6회   29~31쪽

1 ⑤ **2** (1) ✕ (2) ○ (3) ○ **3** 흰모래마을,
연못 **4** (1) ○ **5** 밤, 다음 날 아침 **6** ④

☆ **어휘력 땅땅** **1** (1) 총각 (2) 보살핌 (3) 정자
2 (1) 내일 (2) 모레 (3) 어제 (4) 그저께

1 백씨 부인은 꿈에서 오늘이 부모님을 보고 오늘이에게 부모님이 하늘나라 원천강에 계신다고 말해 주었습니다.

2 '오늘이'라는 이름을 붙여 준 것은 아이를 발견한 마을 사람들입니다. (2), (3)은 이 글의 내용으로 알맞습니다.

3 오늘이는 흰모래마을에서 장상 도령을 만나 원천강에 가는 길을 물었습니다. 그리고 연못으로 가서 연꽃나무에게 원천강으로 가는 길을 물었습니다.

4 이 글의 마지막 부분에서 오늘이가 이무기를 만났으므로, 이무기에게 원천강에 가는 길을 묻는 이야기가 이어지는 것이 가장 자연스럽습니다.

5 이 글을 차례대로 간추리면 다음과 같습니다. 가난한 총각은 한낮에 색시를 구하러 집을 나섰습니다. →밤이 되자 주막에서 하룻밤 묵기로 하고 주인에게 좁쌀을 맡겼습니다. →다음 날 아침, 총각은 좁쌀 대신 쥐를 받아 다시 길을 떠났습니다.

6 주인은 총각이 좁쌀을 먹은 쥐라도 달라고 하자 어이없고 황당한 마음이 들었을 것입니다.

☆ **어휘력 땅땅**

2 달력을 보고 오늘을 기준으로 날짜를 나타내는 말을 찾아 씁니다.

1 ② **2** 친구의 말, 내 것 **3** 예 친구와 사이좋게 지내도록 노력해야 한다. **4** 현준 **5** (1) ○
6 ②

어휘력 팡팡 **1** (1) 돈독하다 (2) 별명 (3) 우정
2 섭섭하다-서운하다, 무섭다-두렵다,
돈독하다-두텁다, 심하다-지나치다

---

1 이 글은 친구와 사이좋게 지내도록 노력하자는 의견을 나타낸 글이므로, ②의 내용이 제목으로 알맞습니다.

2 ⑦~ⓒ의 중심 문장은 각 문단의 처음 부분에 드러나 있습니다.

3 글쓴이는 친구와 우정을 쌓을 수 있는 방법을 잘 알아 두고, 친구와 사이좋게 지내도록 노력해야 한다고 했습니다.

4 글쓴이는 친구와 사이좋게 지내는 방법 중 하나로 친구를 심하게 놀리면 안 된다고 했습니다.

5 글쓴이는 친구와 서로 칭찬을 주고받자는 의견을 내세우고 있습니다.

6 ⑦은 힘을 들여 일을 한다는 뜻입니다. 따라서 마음과 힘을 다해 무엇을 이루려고 힘쓴다는 뜻의 '애쓰다'와 바꾸어 쓸 수 있습니다.

어휘력 팡팡

2 '섭섭하다'는 서운하고 아쉽다, '두렵다'는 어떤 대상을 무서워하여 마음이 불안하다, '심하다'는 정도가 지나치다라는 뜻입니다. '돈독하다'는 믿음, 의리, 인정 등이 깊고 성실하다는 뜻이고, '두텁다'는 신의, 믿음, 관계, 인정 등이 굳고 깊다는 뜻입니다.

1 (1) ○ (2) × (3) ○ **2** 주원 **3** (순서대로)
27, 사과잼, 3 **4** (2) ○ **5** 예 7월 20일까지 담임 선생님께 참가 신청서 제출.

어휘력 팡팡 **1** (1) 저렴하다 (2) 운행하다
(3) 제출하다 (4) 모형 (5) 무료

---

1 사과 축제에 가면 항상 사과를 저렴하게 살 수 있는 것은 아닙니다. 글쓴이는 깜짝 사과 판매 행사가 매일 오후 3시에 열린다고 했습니다.

2 '풍요롭다'는 모자란 것 없이 넉넉하다는 뜻입니다.

3 각 문단의 중요한 내용을 정리합니다. 첫 문단에는 축제 기간이 나타나 있습니다. 또, 2문단에서는 사과 껍질 길게 깎기 대회와 사과잼 만들기 체험, 사과 낚시와 깜짝 사과 판매 행사를 소개했습니다.

4 △△초등학교에서는 학생들의 독서에 대한 흥미를 높이기 위해 여름 방학 독서 캠프를 연다고 했습니다.

5 빈칸에 알맞은 참가 방법은 마지막 문장에 드러나 있습니다.

어휘력 팡팡

1 (1) 물건의 값이 싸다는 뜻의 낱말은 '저렴하다'이고, (2) 정해진 길을 따라 자동차나 열차 등이 다닌다는 뜻의 낱말은 '운행하다'입니다. (3) 내용을 담은 문서 등을 내놓다라는 뜻의 낱말은 '제출하다'입니다. (4) 어떤 것을 그대로 본떠서 만든 물건은 '모형'이고, (5) 요금이 없음을 뜻하는 낱말은 '무료'입니다.

9회   41~43쪽

1 (순서대로) 준호, 삼촌   2 ③   3 첫인사

4 ④   5 (1) ○   6 ⑤

★어휘력 팡팡 1 (1) 함박웃음 (2) 이사

(3) 수족관 (4) 휴가   2 (1) 조마조마하다

(2) 창피하다 (3) 홀가분하다 (4) 억울하다

1 이 편지는 준호가 삼촌께 보낸 것입니다.

2 글쓴이는 아빠, 동생과 여름 방학 때 삼촌이 계신 곳에 가기로 했습니다.

3 이 편지에는 '첫인사'가 빠져 있습니다. 편지에서 '첫인사'는 편지를 받을 사람에게 인사를 하고 안부를 묻는 것입니다.

4 ㉮에는 삼촌이 맛있는 음식도 사 주시고 재미있게 놀아 주신 것에 대해 감사하는 마음이 드러나 있습니다. 그리고 ㉯에는 미리 삼촌이 계신 곳을 찾아보고 여름 방학이 기다려질 정도로 삼촌을 보고 싶어 하는 마음이 드러나 있습니다.

5 '조카'는 형제자매의 자식을 뜻합니다. (2)는 삼촌, 큰아버지, 작은아버지입니다.

6 '편지 봉투에 적힌 이름을 보고 함박웃음이 절로 났단다.'라는 표현에서 삼촌의 반갑고 기쁜 마음을 짐작할 수 있습니다.

★어휘력 팡팡

2 (1) 중요한 시험이 얼마 남지 않았으므로, '조마조마하다'가 어울립니다. (2) 친구들 앞에서 방귀를 뀐 상황이므로, '창피하다'가 알맞습니다. (3) 숙제가 모두 끝난 상황이므로, '홀가분하다'가 어울립니다. (4) 잘못도 없이 꾸중을 들었으므로, '억울하다'가 들어가야 합니다.

10회   45~47쪽

1 예절   2 (1) ✕ (2) ○ (3) ○ (4) ✕   3 ③

4 (3) ○   5 ③   6 하람

★어휘력 팡팡 1 (1) 양념 (2) 용건 (3) 수저

2 (1) ㉰ (2) ㉯ (3) ㉮ (4) ㉱

1 이 글은 통화할 때 지켜야 할 예절에 대해 설명하고 있습니다.

2 (1) 이 글에서 전화를 받을 때에는 전화를 건 사람을 확인하고 인사를 건네야 한다고 했습니다. (4) 잘못 걸린 전화를 받았을 때에는 "전화를 잘못 거셨습니다."라고 정중하게 말해야 합니다.

3 '마치다'는 하던 일이나 과정이 끝나다라는 뜻이므로, 이와 반대되는 뜻의 낱말은 어떤 일이나 행동을 처음 하다라는 뜻의 '시작하다'입니다.

4 전화 예절을 잘 지킨 친구는 어머니께 전해야 할 통화 내용을 메모해 둔 (3)입니다. (1) 전화 받은 사람을 확인해야 합니다.

5 글쓴이는 우리나라에서 밥그릇이나 국그릇을 손에 들고 먹는 것이 예의에 어긋나는 행동이라고 했습니다.

6 식사 예절을 잘 지킨 친구는 부모님이 식사를 마치신 다음 일어난 하람입니다. 어른과 식사할 때에는 어른이 먼저 수저를 드실 때까지 기다려야 하며, 어른께 음식을 드릴 때에는 두 손으로 드려야 합니다.

★어휘력 팡팡

2 (3) 수영을 배우려고 결심했으므로, ㉮의 뜻으로 쓰였습니다. (4) 축구에서 점수를 잃었으므로, ㉱의 뜻으로 쓰였습니다.

1 귤 **2** (1) × (2) ○ (3) ○ **3** ③ **4** (3) ○
5 ①, ③ **6** ②

☆ 어휘력 팡팡 **1** ㅂ

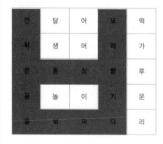

1 이 시는 귤을 나누어 먹으려고 학교에 가져간 경험을 담고 있습니다. 따라서 이 시의 글감으로 알맞은 것은 '귤'입니다.

2 2연에서는 '주머니에 귤 넣고/만지작만지작 학교에' 간다고 했습니다. 따라서 (1)은 시의 내용을 잘못 파악한 것입니다.

3 말하는 이의 마음은 5, 6연에 나타나 있습니다. 말하는 이는 짝꿍 그리고 앞뒷자리 친구와 귤을 나누어 먹을 생각으로 즐거워하고 있습니다.

4 말하는 이는 주머니에 귤을 넣고 학교에 가며 짝꿍, 앞뒷자리 친구와 나누어 먹으려고 합니다. 이와 비슷한 경험을 말한 친구는 반 아이들과 나누어 먹으려고 쿠키를 학교에 가져간 경험을 말한 (3)입니다.

5 이 시의 3연에서 짝꿍의 특징을 짐작할 수 있습니다. '왕방울눈 울보'에서 짝꿍은 눈이 크고 잘 우는 아이라는 것을 짐작할 수 있습니다.

6 신발코로 모래를 파는 행동과 '텅 빈 운동장', '힘 빠진 공'이라는 표현에서 말하는 이의 슬프고 허전한 마음을 짐작할 수 있습니다.

1 ③ **2** (순서대로) 피해, 신뢰 **3** (3) ○
4 예준 **5** (순서대로) 질서, 안전, 편리
6 (1) ○

☆ 어휘력 팡팡 **1** (1) 예약 (2) 피해 (3) 질서
2 (1) 나흘 (2) 엿새 (3) 아흐레

1 글쓴이는 이 글의 처음과 마지막 문단에서 약속을 하면 반드시 지키도록 노력해야 한다고 했습니다.

2 글쓴이는 의견을 뒷받침하기 위해 '약속을 지키지 않으면 다른 사람이 피해를 입는다.'와 '약속을 지키지 않으면 사람들이 나를 신뢰하지 않게 된다.'의 두 가지 까닭을 들었습니다.

3 '고스란히'는 조금도 줄거나 바뀐 것 없이 그대로라는 뜻입니다.

4 글쓴이의 의견이 옳다고 생각한 예준이는 의견에 어울리는 자신의 경험을 까닭으로 들었습니다.

5 이 광고에서는 질서를 지키면 더 안전하다는 것과 더 빠르고 편리해진다는 것을 까닭으로 들어 모두를 위한 약속인 질서를 지키자고 말하고 있습니다.

6 이 광고에 나타난 의견에 알맞게 행동한 것은 버스를 탈 때 줄을 서서 차례를 지킨 (1)입니다.

☆ 어휘력 팡팡

2 아이들이 말한 '하루, 이틀, 사흘, ……' 등은 우리말에서 날짜를 헤아리는 말입니다. (1) 네 날은 '나흘', (2) 여섯 날은 '엿새', (3) 아홉 날은 '아흐레'라고 씁니다.

13회   57~59쪽

1 ①   **2** (2) ○   **3** (1) 품 (2) 두 (3) 두   **4** ⑤
5 (3) ○   **6** (2) ○

⭐️ **어휘력 팡팡**   **1** (1) 일손 (2) 퇴비   **2** (1) 봄,
비 (2) 돌, 다리 (3) 고무, 신

1 옛날에는 농사일뿐 아니라 집을 짓거나 김
장을 담그는 일, 퇴비를 만드는 일을 할 때
에도 품앗이를 했습니다.

2 ㉠에서 옛날에는 농사를 지을 때 기계의
힘을 빌릴 수 없었으므로, 모든 농사일을
일일이 사람의 손으로 했음을 짐작할 수
있습니다.

3 (1) 김장은 우리 집과 이웃집이 일손을 주
고받는 '품앗이'입니다. (2), (3)은 마을 전
체에 해당하는 큰일이므로, 마을 사람들이
함께 일해야 하는 '두레'입니다.

4 '거들다'는 남이 하는 일을 함께 하면서 돕
다라는 뜻으로, '도와주다'와 뜻이 비슷한
낱말입니다.

5 재능 품앗이는 자신의 재능을 전해 주고
돈을 받는 것이 아니라, 다른 사람과 각자
의 재능을 주고받는 것입니다. 따라서 (3)
은 ㉠을 통해 짐작할 수 있는 내용으로 적
절하지 않습니다.

6 '편집'은 영상의 일부를 잘라 내거나 연결
해서 하나의 작품으로 완성하는 일입니다.

⭐️ **어휘력 팡팡**

2 (1) '봄비'는 '봄'과 '비'가 합쳐진 낱말이고,
(2) '돌다리'는 '돌'과 '다리'가 합쳐진 낱말
입니다. (3) '고무신'은 '고무'와 '신'이 합쳐
져 한 낱말을 이룬 것입니다.

14회   61~63쪽

1 ②   **2** (3) ○   **3** (순서대로) 뿌듯해지며, 길
4 (1) ○   **5** ④   **6** ②, ③

⭐️ **어휘력 팡팡**   **1** (1) 발 (2) 가슴 (3) 손 (4) 머리
(5) 귀 (6) 입

1 '나'와 아빠가 눈이 쌓인 동네를 산책한 내
용은 이 글에 나타나지 않았습니다.

2 '손에 익다'는 여러 번 반복해 일이 익숙해
지다라는 뜻을 가진 말입니다.

3 '나'가 겪은 일에 대한 생각이나 느낌은 글
의 마지막 부분에 드러나 있습니다. '나'는
가슴이 뿌듯해져서 웃음이 나왔다고 하며,
다음에도 아빠와 함께 길을 쓸어야겠다고
생각했습니다.

4 '나'는 아빠와 함께 사람들이 미끄러지지
않도록 눈 쌓인 길을 쓸었습니다. 이와 비
슷한 경험은 사람들이 다칠까 봐 돌멩이를
치운 (1)입니다.

5 '나'는 가방을 벤치에 두고 왔다는 사실을
나중에 알고 매우 놀랐습니다. ㉠에는 뜻
밖의 일에 놀라서 걱정되거나 마음이 무거
워진다는 뜻의 '철렁하다'가 알맞습니다.

6 글쓴이의 생각이나 느낌은 글의 마지막 부
분에 나타나 있습니다. 글쓴이는 가방을
찾아 다행이라고 하면서 앞으로 조심해야
겠다고 생각했습니다.

⭐️ **어휘력 팡팡**

1 빈칸에는 우리 몸의 일부분을 나타내는 낱
말이 들어갑니다. 주어진 뜻을 자세히 살
펴보고 빈칸에 들어갈 알맞은 낱말을 찾아
씁니다.

15회 65~67쪽

1 (1) ○ (2) ○ (3) ○ (4) × **2** ② **3** (1) ㉯

(2) ㉮ **4** 예 농부, 수달을 처음 발견해서 마을

까지 몰고 온 공이 더 크기 / 개 주인, 수달을

잡은 것은 개이기 **5** 아이 **6** (1) ○

★어휘력 땅땅 **1** (1) 사 (2) 기특 (3) 수군

2 (1) 도망갔다 (2) 어루만졌다 (3) 장만했다

(4) 지혜로웠다

1 농부와 개 주인은 서로 수달이 자기 것이라고 옥신각신하다가 원님에게 판결을 받기로 했습니다.

2 수달은 가죽 값을 많이 쳐준다고 했으므로, 개 주인은 개가 수달을 물고 들어왔을 때 기뻤을 것입니다. 따라서 ㉠에는 기쁘고 신난 목소리가 어울립니다.

3 농부는 자신이 굴을 파헤쳐 몰고 왔으므로, 개 주인은 자신의 개가 수달을 물고 왔으므로, 각각 수달이 자신의 것이라고 했습니다.

5 수달 가죽은 농부에게, 고기는 개에게 주라는 의견은 아이가 내린 판결입니다.

6 원님은 아이의 판결이 슬기롭다고 생각했기 때문에 아이의 말에 따르기로 했습니다. 따라서 (2)의 내용은 알맞지 않습니다.

★어휘력 땅땅

2 (1) '달아나다'는 위험을 피해 도망간다는 뜻이고, (2) '쓰다듬다'는 손으로 살살 쓸어 어루만진다는 뜻입니다. (3) '마련하다'는 물건이나 상황을 준비해 갖춘다는 뜻이고, (4) '슬기롭다'는 어떤 일을 이치에 맞게 잘 풀어 나가는 힘이 있다는 뜻입니다.